Impressum
Verlag: BABADADA GmbH, Nedderfeld 112 , 22529 Hamburg
Geschäftsführer / Verlagsleitung: Harald Hof
Druck: Books on Demand GmbH, In de Tarpen 42, 22848 Norderstedt

Imprint
Publisher: BABADADA GmbH, Nedderfeld 112 , 22529 Hamburg, Germany
Managing Director / Publishing direction: Harald Hof
Print: Books on Demand GmbH, In de Tarpen 42, 22848 Norderstedt

ቤት-ትምህርቲ

l'école

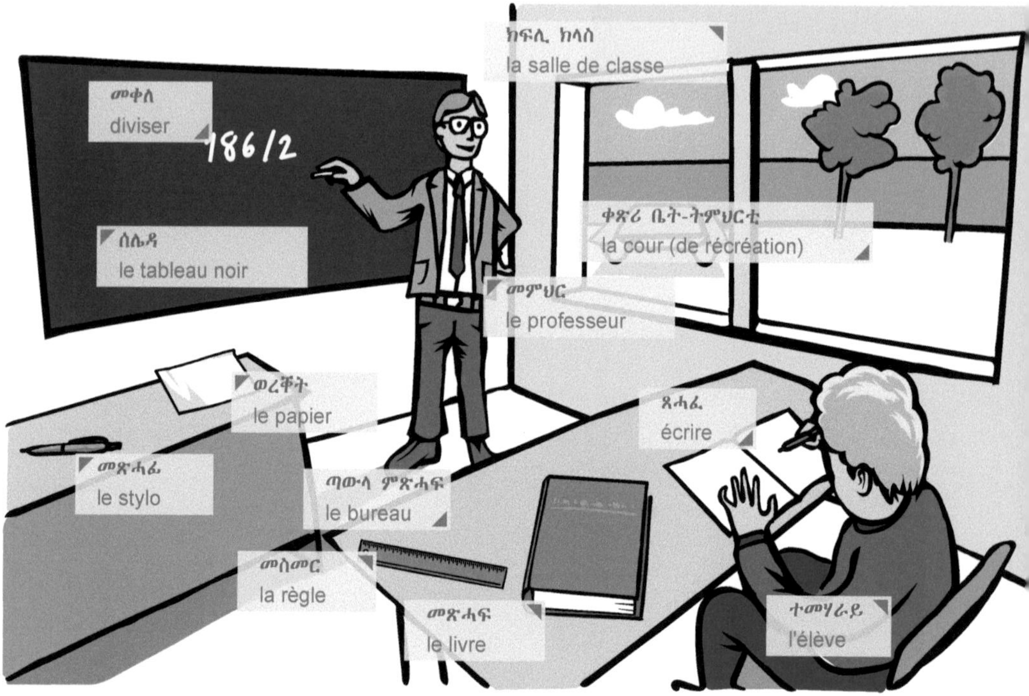
ክፍሊ ክላስ
la salle de classe
መቀለ
diviser
186/2
ሰሌዳ
le tableau noir
ቀጽሪ ቤት-ትምህርቲ
la cour (de récréation)
መምህር
le professeur
ወረቐት
le papier
ጸሓፈ
écrire
መጽሓፊ
le stylo
ጣውላ ምጽሓፍ
le bureau
መስመር
la règle
መጽሓፍ
le livre
ተመሃራይ
l'élève

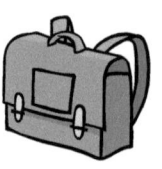

ሳንጣ ትምህርቲ

le cartable

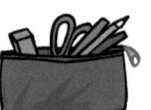

ሰፈር ብርዒ

la trousse

ርሳስ

le crayon

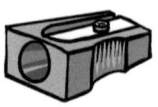

መብልሒ ርሳስ

le taille-crayon

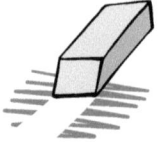

መደምሰሲ

la gomme

ጥራዝ ስእሊ

le carnet à dessin

ስእሊ

le dessin

ብርዒ ቀለም

le pinceau

ቦክስ ቀለም

la boîte de peinture

መቆስ

les ciseaux

መጣበቒ

la colle

ጥራዝ መላመዲ

le cahier d'exercices

ዕዮ ገዛ

les devoirs

ቁጽሪ

le chiffre

ወሰኸ

additionner

ጎደለ

soustraire

ረብሐ

multiplier

ደመረ

calculer

ፊደል

la lettre

ስርዓት ፊደላት

l'alphabet

ቃል

le mot

ጽሑፍ

le texte

አንበበ

lire

ኩርሽ

la craie

ሰዓት

la leçon

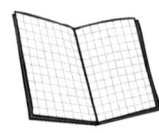

መዝገብ ክላስ

le livre de classe

መርመራ

l'examen

ሰርቲፊከት

le certificat

ድቢዛ ቤትትምህርቲ

l'uniforme scolaire

ትምህርቲ

la formation

ለክሲኮን

le lexique

ዩኒቨርሲቲ

l'université

ሚክሮስኮፕ

le microscope

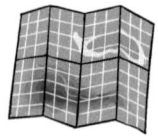

ካርታ

la carte

ጎሓፍ ወረቓት

la corbeille à papier

le voyage

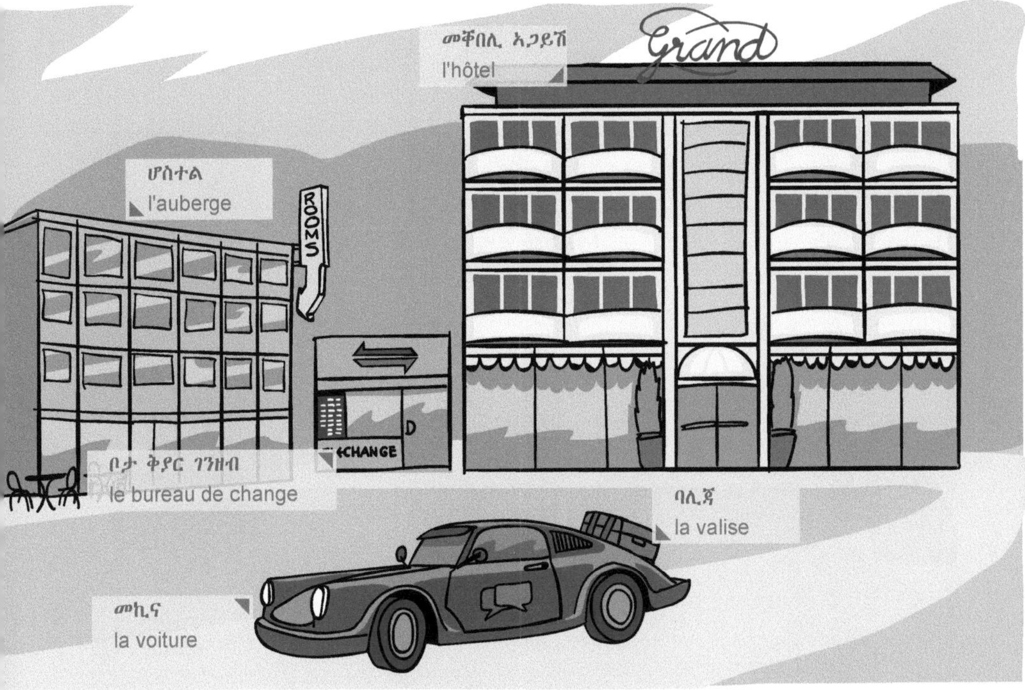
መቐበሊ ኣጋይሽ
l'hôtel
Grand
ሆስተል
l'auberge
ROOMS
CHANGE
ቦታ ቅያር ገንዘብ
le bureau de change
ባሊጃ
la valise
መኪና
la voiture

ቋንቋ

la langue

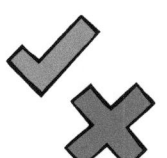

እወ / ኖ

oui / non

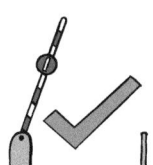

ሕራይ

d'accord

ሰላም

Salut

ኣስተርጓሚ

l'interprète

የቐንየለይ

merci

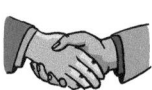

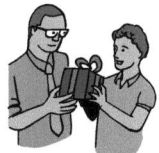

. . . ክንደይ ዋግኡ?

Combien coûte...?

አይተረድኣኹን

Je ne comprends pas

ሽግር

le problème

ሰላም ምሽት!

Bonsoir !

ከመይ ሓዲርካ

Bonjour !

ሰላም ለይቲ

Bonne nuit !

ደሓን ኩን

Au revoir

አንፈት

la direction

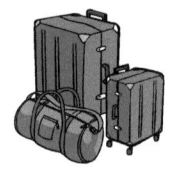

ጕዓዝ

les bagages

ሳንጣ

le sac

ሳንጣ ሕቖ

le sac-à-dos

ጋሻ

l'hôte

ክፍሊ

la pièce

ክሻ መደቀሲ

le sac de couchage

ቴንዳ

la tente

ሓበሬታ በጻሕቲ ሃገር

l'office de tourisme

ገምገም ባሕሪ

la plage

ክረዲት ካርድ

la carte de crédit

ቁርሲ

le petit-déjeuner

ምሳሕ

le déjeuner

ድራር

le dîner

ቲከት

le billet

ሊፍት

l'ascenseur

ማሕተም ደብዳበ

le timbre

ዶብ

la frontière

ድንና

la douane

ኣምበሲ

l'ambassade

ቪዛ

le visa

ፓስፖርት

le passeport

መጓዓዝያ

le transport

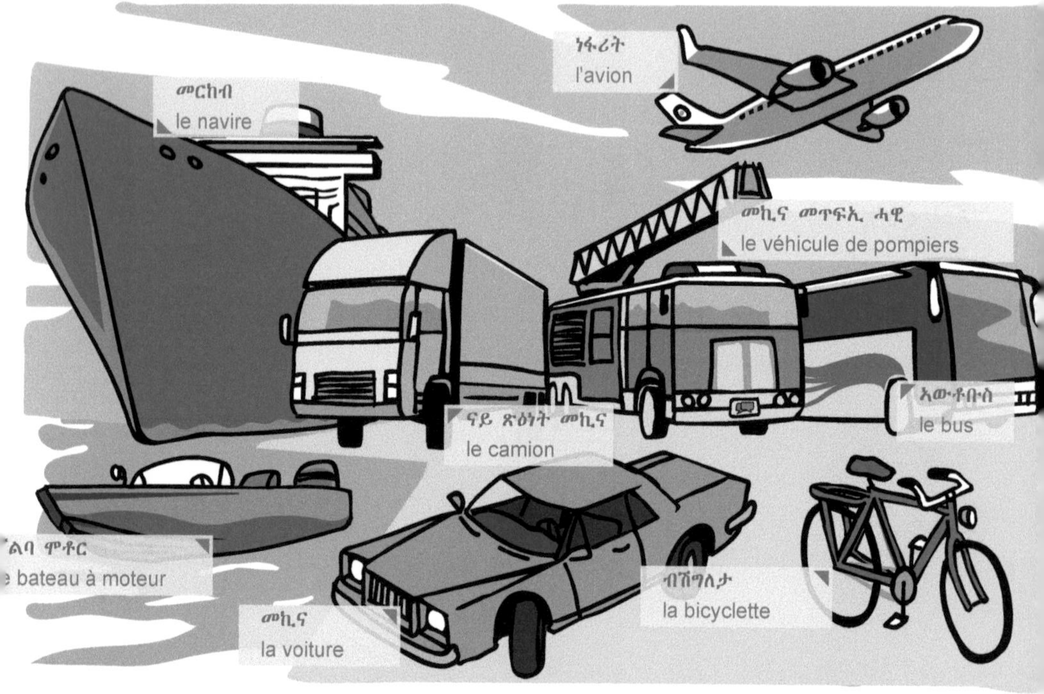
ነፋሪት
l'avion
መርከብ
le navire
መኪና መጥፍኢ ሓዊ
le véhicule de pompiers
ናይ ጽዕነት መኪና
le camion
አውቶቡስ
le bus
ልባ ሞቶር
bateau à moteur
ብሽግለታ
la bicyclette
መኪና
la voiture

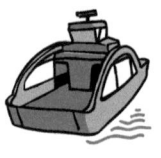

ፈሪ

le ferry

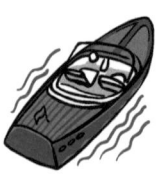

ጀልባ

la barque

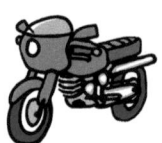

ሞቶ

la moto

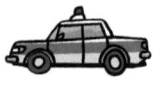

መኪና ፖሊስ

la voiture de police

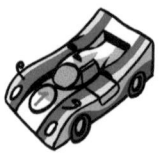

መኪና ቅድድም

la voiture de course

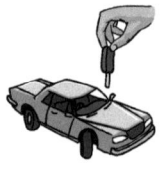

ክራይ መኪና

la voiture de location

ምውፋይ መካይን

l'auto-partage

መወሰዲ መኪና

la voiture de remorquage

መኪና ጎሓፍ

la benne à ordures

ሞቶር

le moteur

ነዳዲ

l'essence

እንዳ ነዳዲ

la station d'essence

ምልክት ትራፊክ

le panneau indicateur

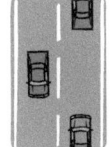

ትራፊክ

le trafic

ምጽቅጫቅ ትራፊክ

l'embouteillage

መዕሸጊ መኪና

le parking

መዕረፊ ባቡር

la gare

ሓዲግ

les rails

ባቡር

le train

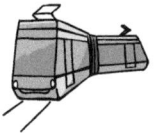

ትረም

le tramway

ባጎኒ

le wagon

ሄሊኮፕተር

l'hélicoptère

መዓረፍ ነፈርቲ

l'aéroport

ታወር

la tour

ተጓዓዢ

le passager

ኮንተይነር

le conteneur

ሳንዱቅ ካርቶን

le carton

ኮርሳ ጽዕነት

le chariot

ዘንቢል

la corbeille

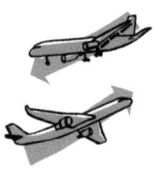

ተበገሰ / ዓለበ

décoller / atterrir

ከተማ

la ville

ቀኈሽት

le village

ማእከል ከተማ

le centre-ville

ገዛ

la maison

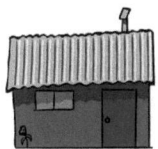

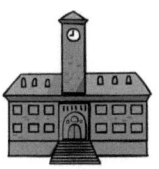

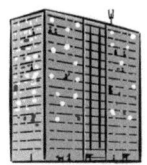

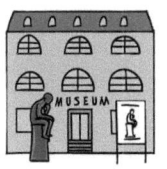

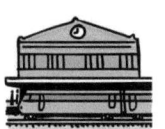

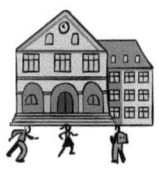

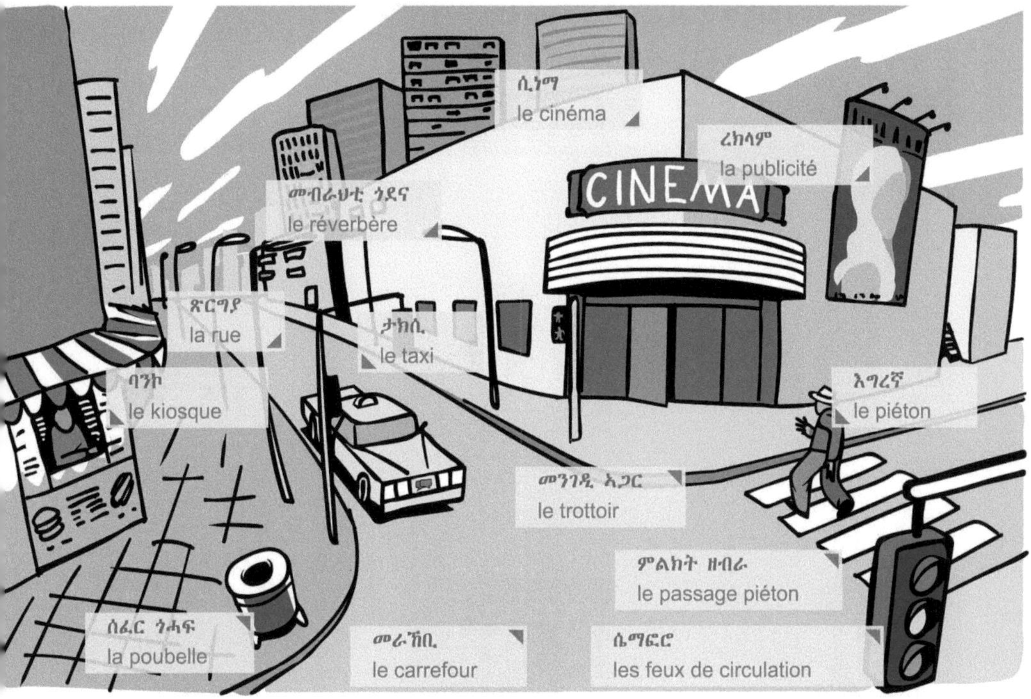
ሲነማ
le cinéma
CINEMA
ረክላም
la publicité
መብራህቲ ጎደና
le réverbère
ጽርግያ
la rue
ታክሲ
le taxi
ባንኮ
le kiosque
እግረኛ
le piéton
መንገዲ እጋር
le trottoir
ምልክት ዘብራ
le passage piéton
ሰፈር ጎሓፍ
la poubelle
መራኸቢ
le carrefour
ሴማፎሮ
les feux de circulation

አጕዶ

la cabane

ኣፓርትመንት

l'appartement

መዕረፊ ባቡር

la gare

ቤት ምምሕዳር

la mairie

MUSEUM

ቤተ መዘክር

le musée

ቤት-ትምህርቲ

l'école

ዩኒቨርሲቲ

l'université

ባንክ

la banque

ሆስፒታል

l'hôpital

መቐበሊ ኣጋይሽ

l'hôtel

ቤት መድሃኒት

la pharmacie

ቤት ጽሕፈት

le bureau

ዱኳን መጽሓፍቲ

la librairie

ዱኳን

le magasin

ዱኳን ዕንባባ

le fleuriste

ሱፐርማርከት

le supermarché

ዕዳጋ

le marché

ሹቕ

le grand magasin

ነጋዳይ ዓሳ

la poissonnerie

ሹቕ

le centre commercial

መርሳ

le port

ከተማ - la ville

መዘናግዒ
....
le parc

ባንኪ
....
la banque

ድልድል
....
le pont

መደያይቦ
....
les escaliers

ባቡር ትሕቲ ምድሪ
....
le métro

ቢንቶ
....
le tunnel

መዕረፊ ኣውቶቡስ
....
l'arrêt de bus

ቤት መስተ
....
le bar

ቤት-መግቢ
....
le restaurant

ስታሪት
....
la boîte à lettres

ታቤላ
....
le panneau indicateur

ሰዓት ፓርኪንግ
....
le parcmètre

መካነ እንስሳታት
....
le zoo

መሓምበሲ
....
le réverbère

መስጊድ
....
la mosquée

ቤት ሕርሻ
la ferme

ብከላ
la pollution

መቃብር
la cimetière

ቤተክርስትያን
l'église

ቦታ ምጽዋት
l'aire de jeux

ቤት መቅደስ
le temple

ስእሊ መሬት

le paysage

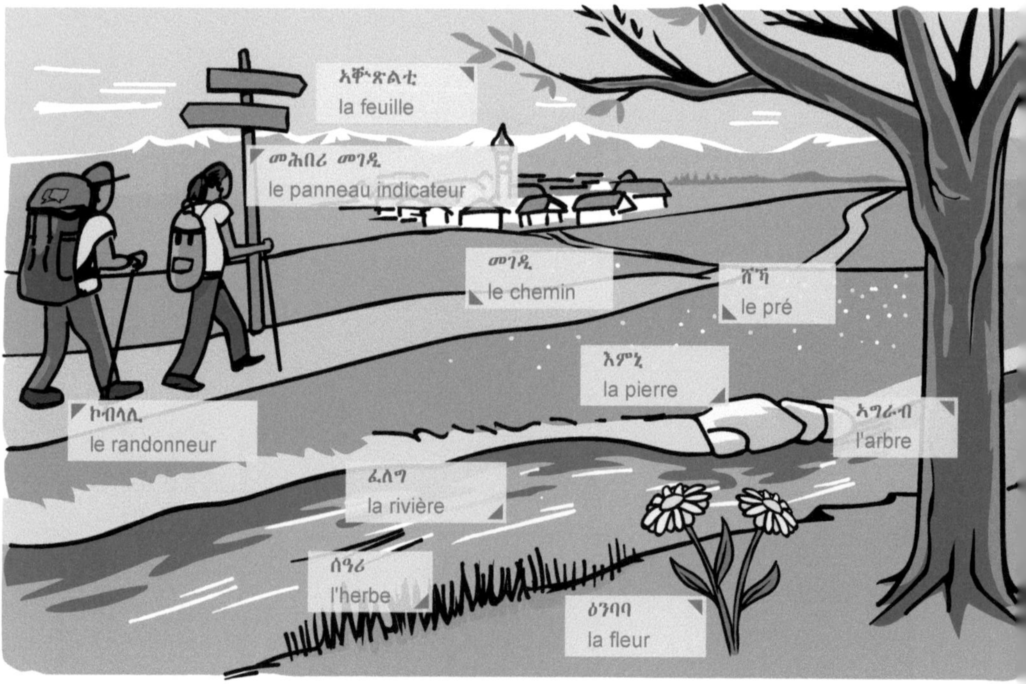

አቝጽልቲ
la feuille

መሕበሪ መገዲ
le panneau indicateur

መገዲ
le chemin

ሸኻ
le pré

እምኒ
la pierre

ኮብላሊ
le randonneur

ኣግራብ
l'arbre

ፈለግ
la rivière

ሰዓሪ
l'herbe

ዕንባባ
la fleur

ስንጭሮ
la vallée

ጎበ
la montagne

ቀላይ
le lac

ዱር
la forêt

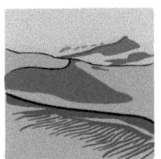

ምድረ በዳ
le désert

እሳተ-ጎመራ
le volcan

ግምቢ
le château

ቀስተ-ደመና
l'arc-en-ciel

ቃንጥሻ
le champignon

ዓርኮብኮባይ
le palmier

ጣንጡ
le moustique

ሃመማ
la mouche

ጻጻ
les fourmis

ንህቢ
l'abeille

ሳሬት
l'araignée

ሕንዚዝ

le coléoptère

ዕንቅርያብ

la grenouille

ምጽጹላይ

l'écureuil

ቅንፍዝ

le hérisson

ማንቲለ

le lièvre

ጉንጃ

la chouette

ጭሩ

l'oiseau

ስዋን

le cygne

መፍለስ

le sanglier

ዓጋዘን

le cerf

ሙስ

l'élan

ግድብ

le barrage

ተርባይን ንፋስ

l'éolienne

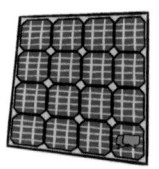

ሶላር ስርሓት

le panneau solaire

ኩነታት ኣየር

le climat

ቤት-መግቢ

le restaurant

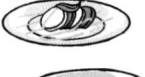

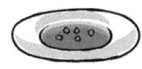

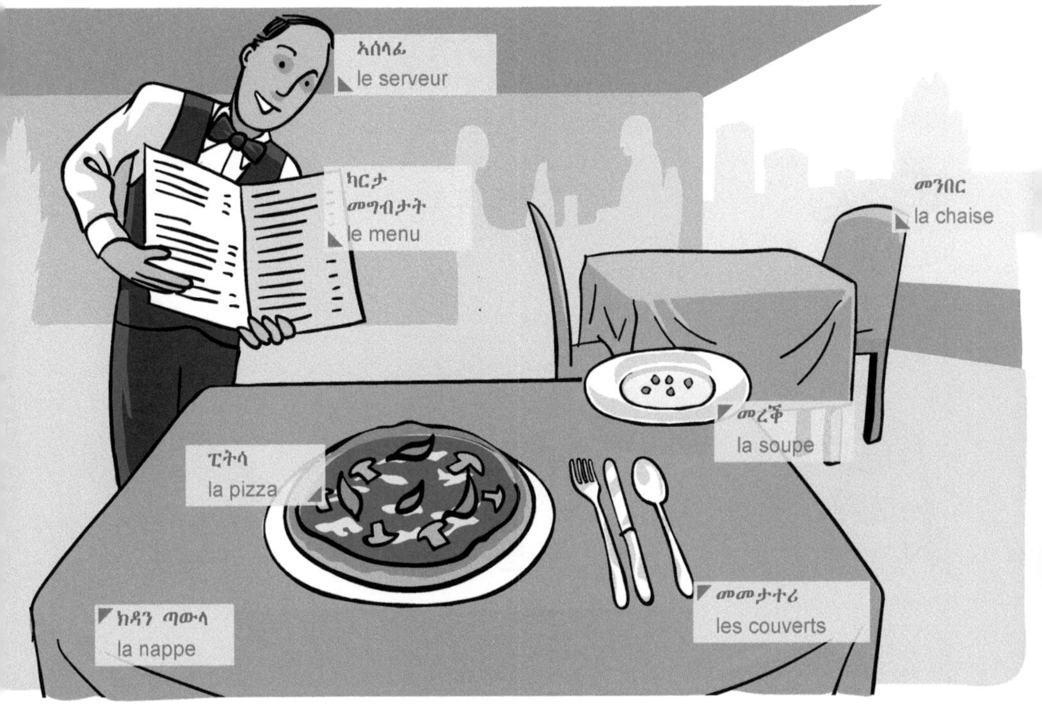

አሰላፊ
le serveur
ካርታ መግብታት
le menu
መንበር
la chaise
መረቕ
la soupe
ፒትሳ
la pizza
መመታተሪ
les couverts
ክዳን ጣውላ
la nappe

ቅድመ ቀንዲ መግቢ

les hors d'œuvre

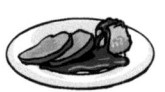

ቀንዲ መኣዲ

le plat principal

ድሕረ መግቢ

le dessert

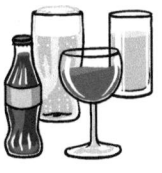

መስተ

les boissons

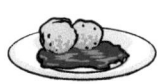

መግቢ

l'alimentation

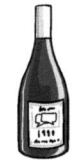

ጥርሙዝ

la bouteille

ስሉጥ መግቢ

le fast-food

መግቢ ጽርግያ

les plats à emporter

ብርጭቆ ሻሂ

la théière

ታነካ ሽኮር

le sucrier

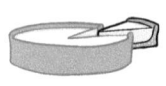

ክፋል

la portion

ማሺን ኤስፕረሶ

la machine à expresso

ነዊሕ መንበር

la chaise haute

ጸብጻብ

la facture

ታብለት

le plateau

ካራ

le couteau

ፋርከታ

la fourchette

ማንካ

la cuillère

ማንካ ሻሂ

la cuillère à thé

ሰርቫየተ

la serviette

ብኬሪ

le verre

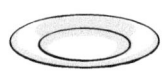

ሸሓኒ

l'assiette

ሸሓኒ መረቕ

l'assiette à soupe

ትሕቲ ኩባያ

la soucoupe

ጸብሒ

la sauce

ወሃቢ ጨው

la salière

መጥሓን በርበረ

le moulin à poivre

ኣቾቶ

le vinaigre

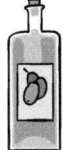

ዘይቲ

l'huile

ቀመም

les épices

ከቹፕ

le ketchup

ኣድሪ

la moutarde

ማዮኔዝ

la mayonnaise

ሱፐርማርክት

le supermarché

ወፈያ
l'offre promotionnelle
FOR
ዓሚል
le client
ፍርያታት ጸባ
les produits laitiers
ፍረታት
les fruits
ሰረገላ ዱኳን
le chariot

BUTCHERS

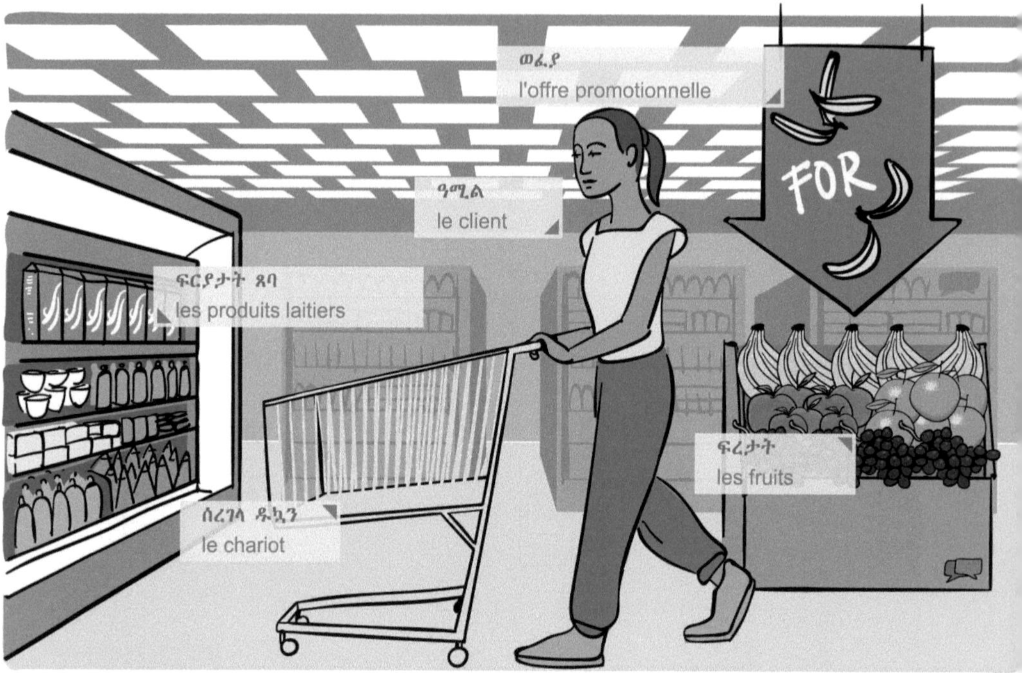

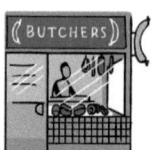

እንዳ ስጋ

la boucherie

BAKERY

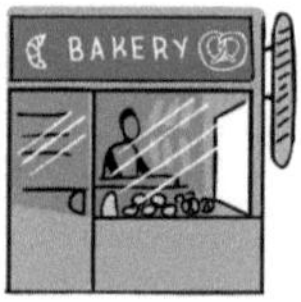

እንዳ ባኒ

la boulangerie

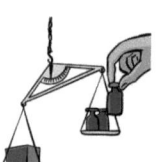

ክብደት

peser

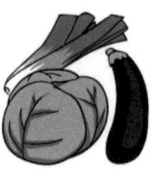

ኣሕምልቲ

les légumes

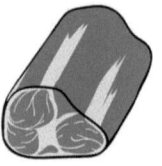

ስጋ

la viande

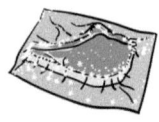

መግቢ ፍሪጅ በረድ

les aliments surgelés

ዝሑል ቅሩብ መግቢ

la charcuterie

እስታጣላ

les conserves

ኦሞ

la poudre à lessive

ምቁር መግቢ

les bonbons

ዘቤታውያን ኣቕሑ

les articles ménagers

ናውቲ መጸረዪ

les détergents

ሸቃጣይ

la vendeuse

ካሳ

la caisse

ተሓዝ ገንዘብ

le caissier

ዝርዝር ምግዛእ

la liste d'achats

ክፉት ሰዓታት

les heures d'ouverture

ማሕፉዳ

le portefeuille

ክረዲት ካርድ

la carte de crédit

ሳንጣ

le sac

ፌስታል

le sac en plastique

ማይ

l'eau

ጽማቍ

le jus de fruit

ጸባ

le lait

ኮላ

le coca

ነቢት

le vin

ቢራ

la bière

ኣልኮል

l'alcool

ካካው

le chocolat chaud

ሻሂ

le thé

ቡን

le café

ኤስፕረሶ

l'expresso

ካፑቺኖ

le cappuccino

l'alimentation

ባናና

la banane

ቱፋሕ

la pomme

አራንሺ

l'orange

ብርጭቆ

le melon

ለሚን

le citron.

ካሮት

la carotte

ጸዕዳ ሽጉርቲ

l'ail

ባምቡስ

le bambou

ሽጉርቲ

l'oignon

ቅንጥሻ

le champignon

ፉል

les noisettes

ፓስታ

les pâtes

ስፓገቲ

les spaghetti

ሩዝ

le riz

ሰላጣ

la salade

ቅልዋ ድንሽ

les pommes frites

ቅሉው ድንሽ

les pommes de terre rôties

ፒትሳ

la pizza

ሃምቡርገር

le hamburger

ፓኒኖ

le sandwich

ቢስተካ

l'escalope

ሰለፍ ሓሰማ

le jambon

ሳላሚ

le salami

ግዕዝም

la saucisse

ደርሆ

le poulet

ቀለወ

le rôti

ዓሳ

le poisson

ገዓት
....
les flocons d'avoine

ሙስሊ
....
le muesli

ኮርንፍላይክስ
....
les cornflakes

ሓርጭ
....
la farine

ክሮሶን
....
le croissant

ባኒ
....
les petits-pains

ባኒ
....
le pain

ቶስት
....
le pain grillé

ብሽኩቲ
....
les biscuits

ጠስሚ
....
le beurre

ርጎአ
....
le fromage blanc

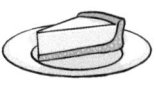

ፓስተ
....
le gâteau

እንቋቀሖ
....
l'œuf

ቅሉው እንቋቀሖ
....
l'œuf au plat

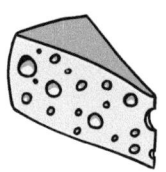

ፋርማጆ
....
le fromage

አይስ ክሪም
la glace

ሽኩር
le sucre

መዓር
le miel

ጄም
la confiture

ኑጋት-ክሪም
la crème nougat

ኩሪ
le curry

ቤት ሕርሻ
la ferme

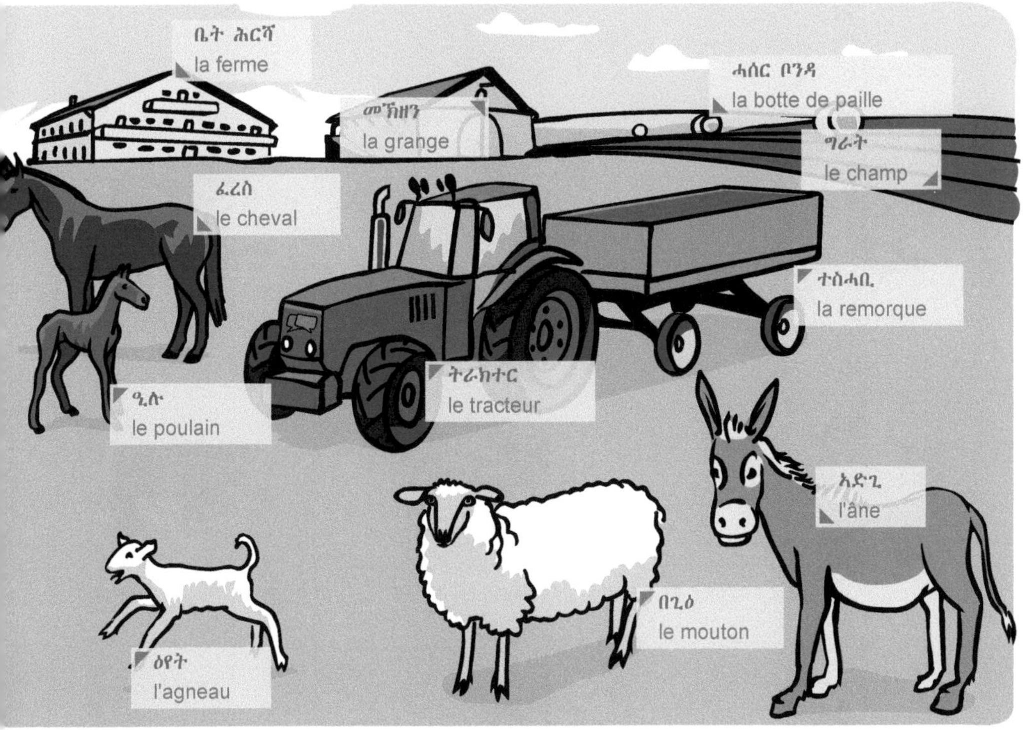

ቤት ሕርሻ
la ferme
መኽዘን
la grange
ሓሰር ቦንዳ
la botte de paille
ግራት
le champ
ፈረስ
le cheval
ተስሓቢ
la remorque
ትራክተር
le tracteur
ዒሉ
le poulain
ኣድጊ
l'âne
በጊዕ
le mouton
ዕየት
l'agneau

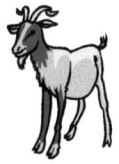

ጤል

la chèvre

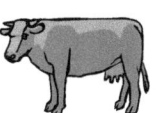

ብዕራይ

la vache

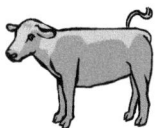

ምራኽ

le veau

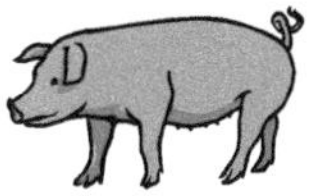

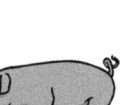

ሓሰማ

le porc

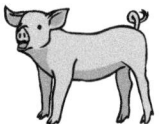

ውላድ ሓሰማ

le porcelet

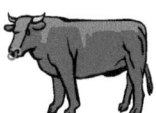

ኣርሓ

le taureau

ዓሳ

l'oie

ማይ ደርሆ

le canard

ጫቛሊት

le poussin

ደርሆ

la poule

ኣርሓ ደርሆ

le coq

ኣንጨዋ ዓባይ

le rat

ድሙ

le chat

ኣንጭዋ

la souris

ብዕራይ

le bœuf

ከልቢ

le chien

ኣጉዶ ከልቢ

le chenil

ቱቦ ጃርዲን

le tuyau de jardin

መዝሬፊ ማይ

l'arrosoir

ዓቢ ማዕጺድ

la faucheuse

ማሕረሻ

la charrue

ማዕጺድ

la faucille

ጭኳር

la pioche

መስአ

la fourche

ፋስ

la hache

ዓረብያ ኢድ

la brouette

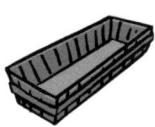

ጋብላ

la cuve

ብርጭቆ ጸባ

le pot à lait

ክሻ

le sac

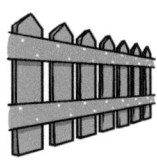

ሓጹር

la clôture

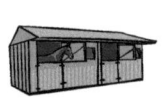

መንሰስ

l'étable

ቾጠልያ ገዛ

le serre

ባይታ

le sol

ዘርኢ

les semences

ድኹዒ

l'engrais

ዘጣምር ቀውዓይ

la moissonneuse-batteuse

ቀውዐ

récolter

ጻማ

la récolte

ድንሽ ያም

l'igname

ስርናይ

le blé

ሶያ

le soja

ድንሽ

la pomme de terre

ዕፉን

le maïs

ራፕስ

le colza

ገረብ ፍረታት

l'arbre fruitier

ማኒኦክ

le manioc

ኣእኸል

les céréales

la maison

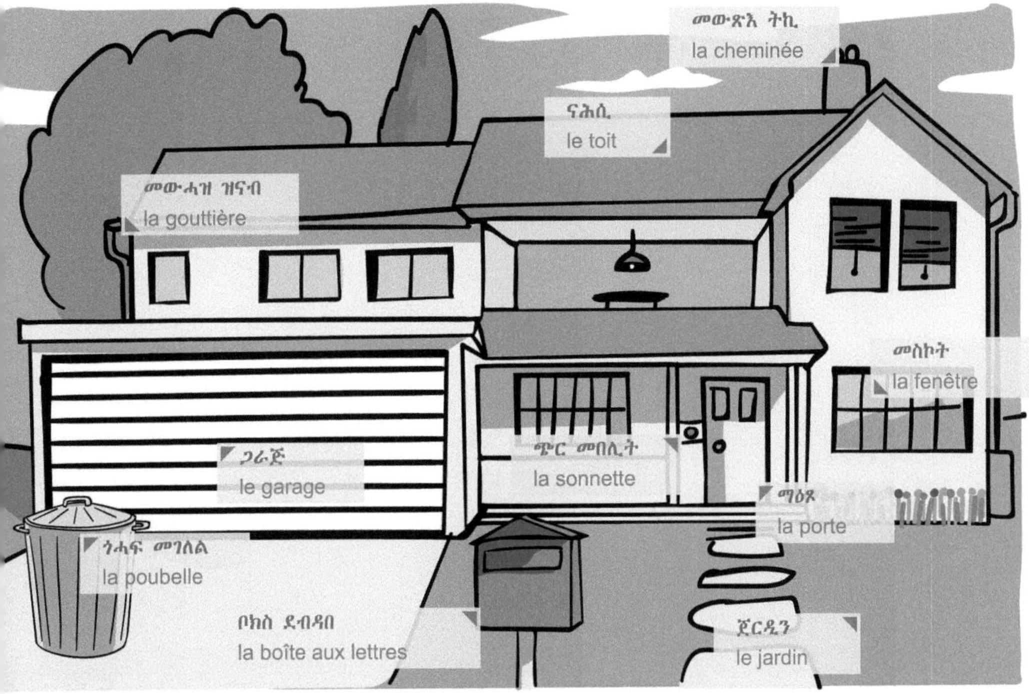

መውድእ ትኪ
la cheminée

ናሕሲ
le toit

መውሓዝ ዝናብ
la gouttière

መስኮት
la fenêtre

ጋራጅ
le garage

ጮር መበሊት
la sonnette

ማዕጾ
la porte

ጎሓፍ መገለል
la poubelle

ቦክስ ደብዳቤ
la boîte aux lettres

ጅርዲን
le jardin

ክፍሊ ምቍማጥ

le salon

ክፍሊ ባንዮ

la salle de bain

ክሽን

la cuisine

ክፍሊ መደቀሲ

la chambre à coucher

ክፍሊ ቆልዑ

la chambre d'enfant

መመገቢ ክፍሊ

la salle à manger

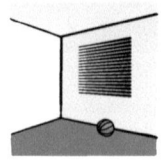

ባይታ

le sol

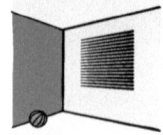

መንደቅ

le mur

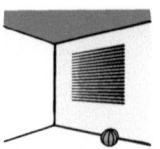

ከበርታ

le plafond

ካንቲና

la cave

ሳውና

le sauna

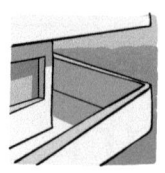

ባልኮን

le balcon

ዛላ

la terrasse

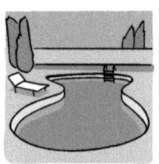

መሕምበሲ

la piscine

መቑረጺ ሳዕሪ

la tondeuse à gazon

ኣንሶላ ዓራት

la housse

ከበርታ ዓራት

la couette

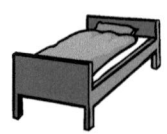

ዓራት

le lit

መኾስተር

le balai

መግለል

le sceau

መወልዒት

l'interrupteur

ክፍሊ ምቕማጥ

le salon

ወረቐት መንደቕ
le papier peint
ስእሊ
l'image
ላምፓ
la lampe
ከብሒ
l'étagère
ከብሒ
l'armoire
ተለቪዥን
la télé
መውጽኢ ትኪ ኣብ ገዛ
la cheminée
ዕንባባ
la fleur
መተርኣስ
le coussin
ሳሎን
le sofa
ባዞ
le vase
ሪሞት
la télécommande

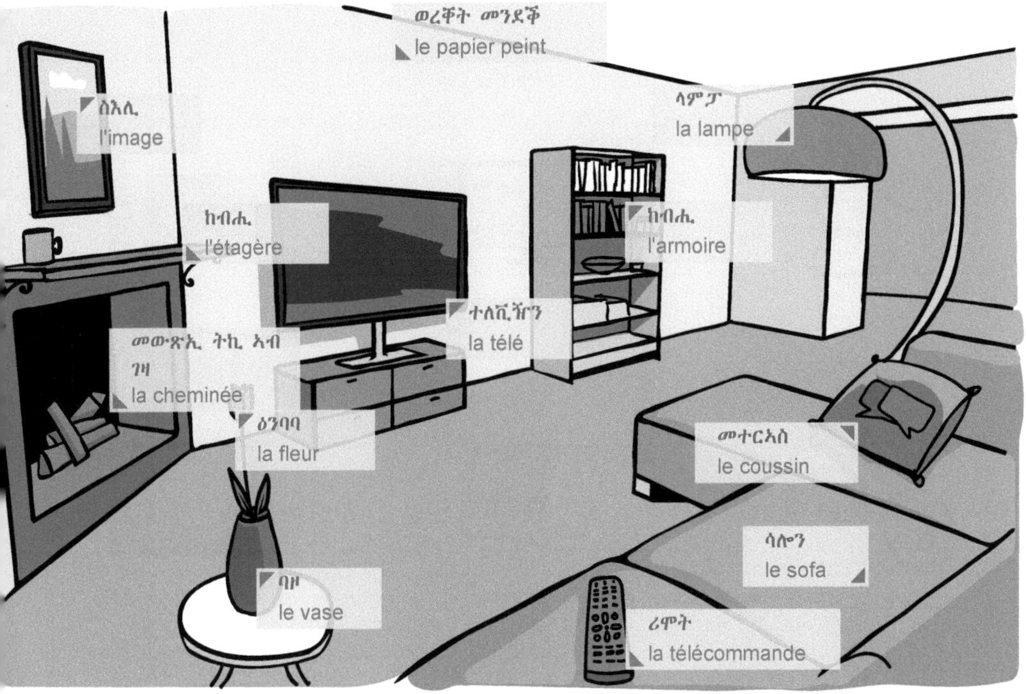

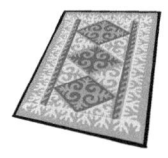

መንጸፍ

le tapis

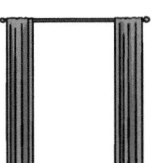

መጋረጃ

le rideau

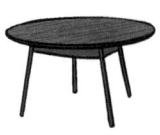

ጣውላ

la table

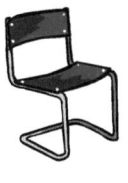

መንበር

la chaise

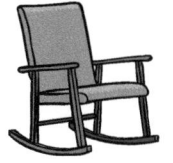

ሰለል ዝብል መንበር

la chaise à bascule

መንበር ምቹእ

le fauteuil

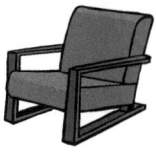

መጽሓፍ

le livre

ከቦርታ

la couverture

ስልማት

la décoration

እንጨይቲ ሓዊ

le bois de chauffage

ፊልም

le film

ስተሬዮ

la chaîne hi-fi

መፍትሕ

la clé

ጋዜጣ

le journal

ቕብኣ

la peinture

ፖስተር

le poster

ሬድዮ

la radio

ጥራዝ

le bloc-notes

መልገሲ ደርና

l'aspirateur

በለስ

le cactus

ሽምዓ

la bougie

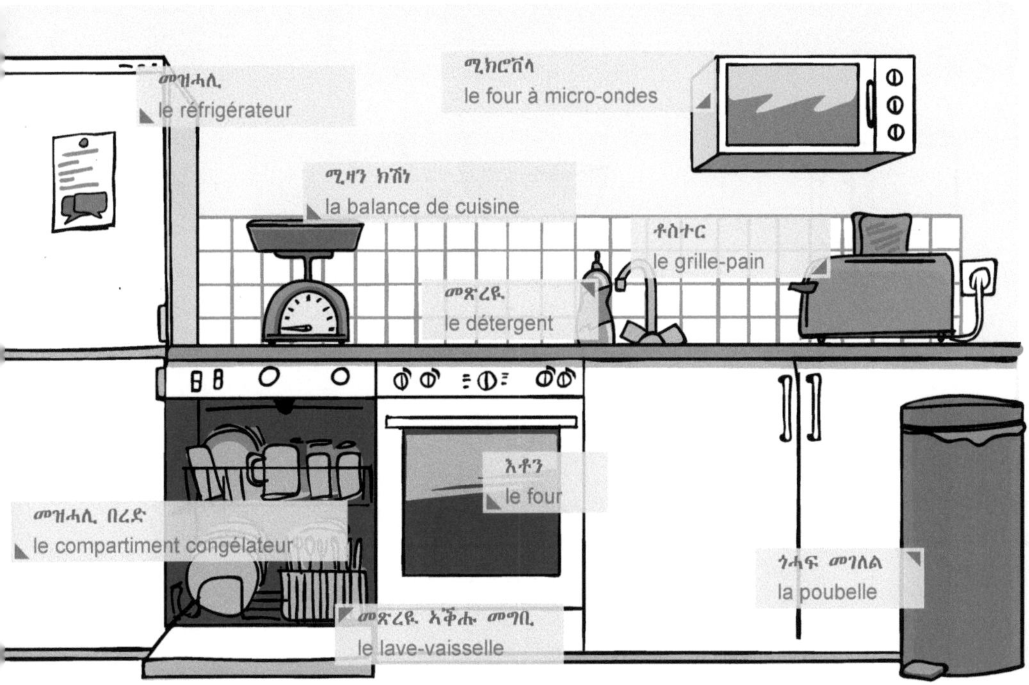

መዝሓሊ
le réfrigérateur

ሚክሮቨላ
le four à micro-ondes

ሚዛን ክሽነ
la balance de cuisine

ቶስተር
le grille-pain

መጽረዪ
le détergent

እቶን
le four

መዝሓሊ በረድ
le compartiment congélateur

ጎሓፍ መገለል
la poubelle

መጽረዪ ኣቅሓ መግቢ
le lave-vaisselle

መኽሸኒ
le four

ድስቲ
la casserole

ድስቲ ሓጺን
la marmite

ቮክ/ካዳይ
le wok / kadai

ባደላ
la poêle

መውዓዪ ማይ
la bouilloire electrique

መፍልሒ

le cuiseur vapeur

ጋንቴራ ምስንካት

la plaque de cuisson

ኣቝሑ መግቢ

la vaisselle

ብርጭቆ

le gobelet

ጭሓሎ

la coupe

ማንካቺና

les baguettes

ማንካ መረቕ

la louche

መገልበጢ ባደላ

la spatule

መኸስተር ውርጪ

le fouet

መንፈት መግቢ

la passoire

መንፈት

le tamis

መፋሕፍሒ

la râpe

ሞርታር

le mortier

ባርቢክዩ

le barbecue

ስፍራ ሓዊ

la cheminée

እንጨይቲ ምምታር

la planche à découper

እንጨይቲ ኮረር

le rouleau à pâtisserie

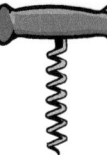

መኽፈት ቡሽ

le tire-bouchon

ታኒካ

la boîte

መኽፈቲ ታኒካ

l'ouvre-boîte

ጨርቂ ድስቲ

les maniques

ቡምባ

le lavabo

አስባስላ

la brosse

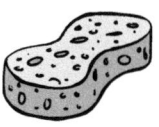

ሰፍነግ

l'éponge

ሓዋሲ አደባላቒ

le mixeur

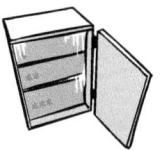

መዝሓሊ በረድ

le congélateur

ጥርሙዝ ማማይ

le biberon

ቡምባ ማይ

le robinet

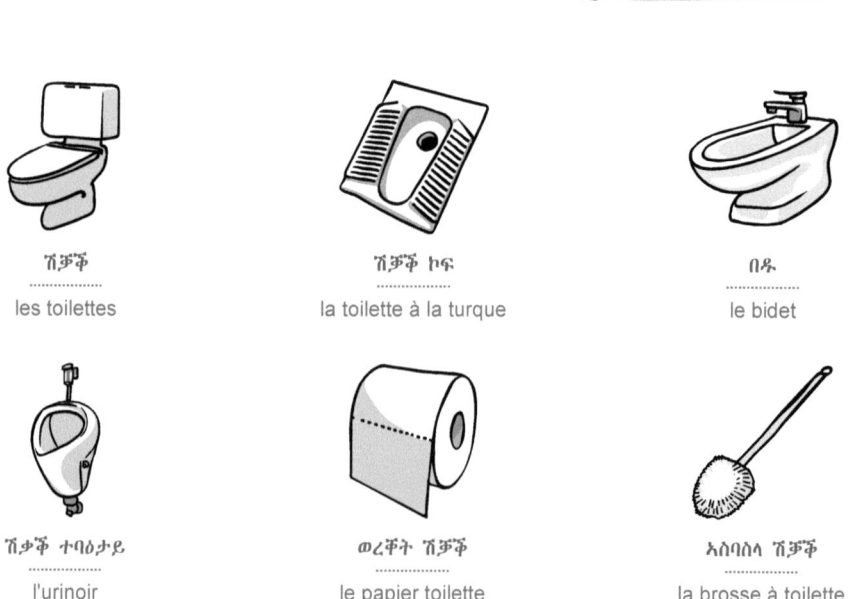

la salle de bain

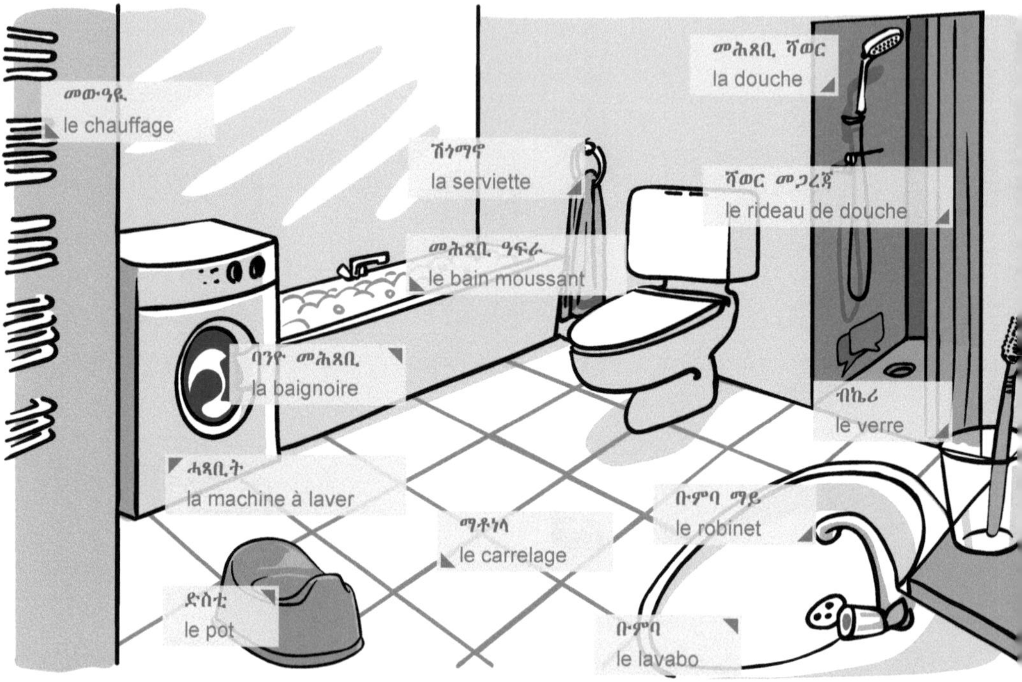
መውዓዪ
le chauffage
መሕጸቢ ሻወር
la douche
ሽጎማኖ
la serviette
ሻወር መጋረጃ
le rideau de douche
መሕጸቢ ዓፍራ
le bain moussant
ባንዮ መሕጸቢ
la baignoire
ብኬሪ
le verre
ሓጻቢት
la machine à laver
ቡምባ ማይ
le robinet
ማቶነላ
le carrelage
ድስቲ
le pot
ቡምባ
le lavabo

ሽቓቕ

les toilettes

ሽቓቕ ኮፍ

la toilette à la turque

በዴ

le bidet

ሽቃቕ ተባዕታይ

l'urinoir

ወረቐት ሽቓቕ

le papier toilette

ኣስባስላ ሽቓቕ

la brosse à toilette

አስባስላ ስኒ

la brosse à dents

ክሬማ ስኒ

le dentifrice

ሃሪ ስኒ

le fil dentaire

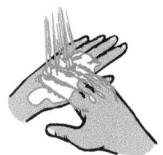

ሓጸብ

laver

ዱሽ ኢድ

la douche manuelle

ዱሽ

la douche intime

ብርጭቆ ምሕጻብ

la vasque

አስባስላ ሕቖ

la brosse dorsale

ሳምና

le savon

ሻወር ጀል

le gel douche

ሻምፑ

le shampooing

ጨርቂ መሕጸቢ

le gant de toilette

መውሓዚ

l'écoulement

ክሬማ

la crème

ደዮ ጨና

le déodorant

መስትያት

le miroir

ናይ ኢድ መስትያት

le miroir cosmétique

መላጸ

le rasoir

ዓፍራ ምልጻይ

la mousse à raser

ጨና ድሕሪ ምልጻይ

l'après-rasage

መመሸጥ

la peigne

ኣስባስላ

la brosse

መንቐጺ ጸግሪ

le sèche-cheveux

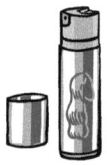

ስፕረይ ጸግሪ

la laque pour cheveux

መመላኽዒ

le fond de teint

ብርዒ ቀለም ከንፈር

le rouge à lèvres

ኣዝማልቶ

le vernis à ongles

ጻምሪ ጡጥ

l'ouate

መስደዲ ጽፍሪ

le coupe-ongles

ጨና

le parfum

ሳንጣ መሕጸቢ
....
la trousse de toilette

ድኳ
....
le tabouret

ሚዛን
....
le pèse-personne

ክዳን መሕጸቢ
....
le peignoir

ጓንቲ መጸረዪ
....
les gants de nettoyage

ታምፓን
....
le tampon

ጨርቂ ሰበይቲ
....
les serviettes hygiéniques

ሽቓቕ ከሚስትሪ
....
la toilette chimique

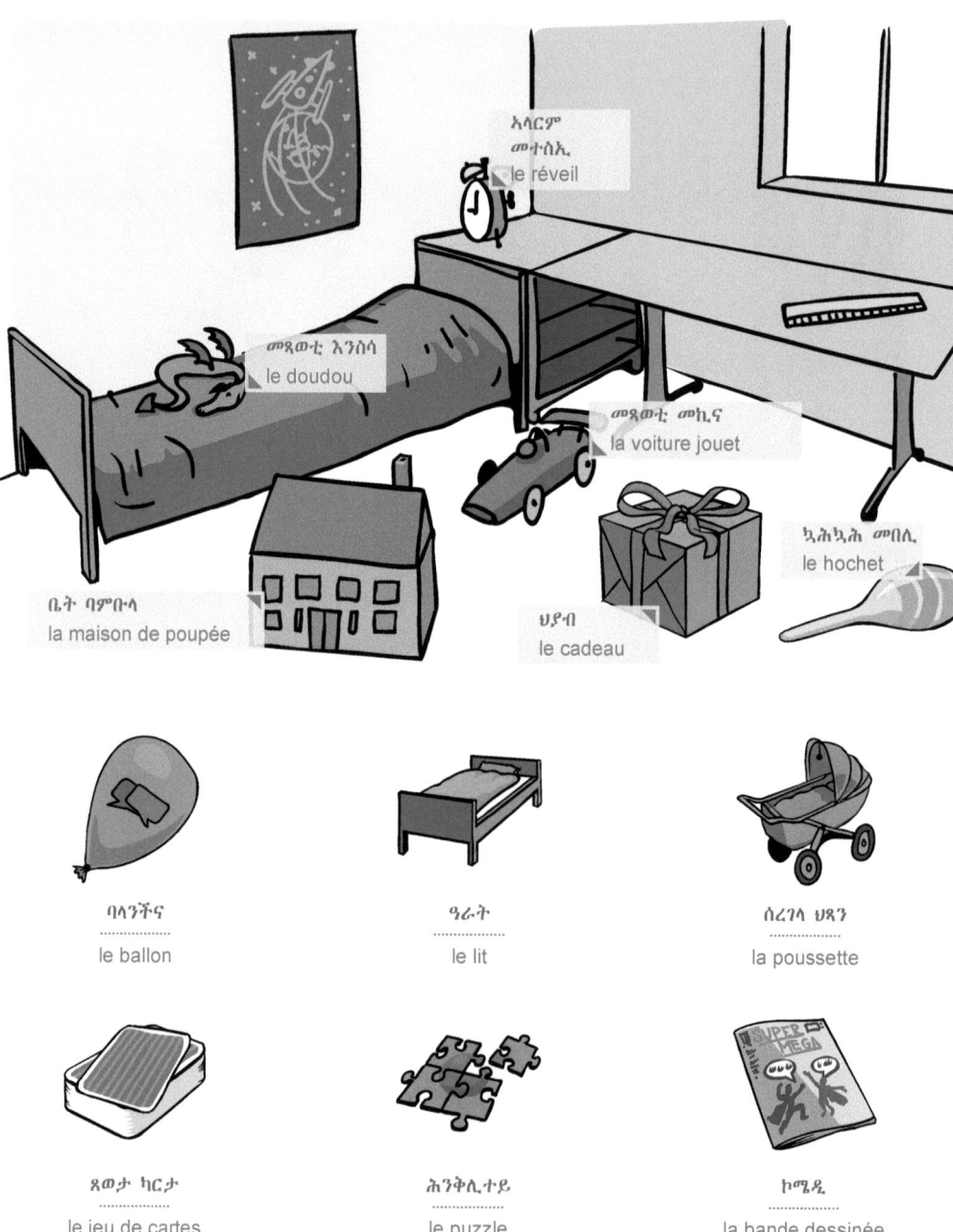

አላርም መተስኢ
le réveil

መጻወቲ እንስሳ
le doudou

መጻወቲ መኪና
la voiture jouet

ኸሕኻሕ መበሊ
le hochet

ቤት ባምቡላ
la maison de poupée

ህያብ
le cadeau

ባላንቺና
le ballon

ዓራት
le lit

ሰረገላ ህጻን
la poussette

ጸወታ ካርታ
le jeu de cartes

ሕንቅልሊተይ
le puzzle

ኮሜዲ
la bande dessinée

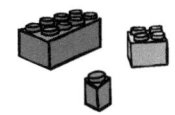

እምንታት መጻወቲ ለጎ

les pièces lego

መጻወቲ እምንታት

les blocs de construction

በዓል አክቸን

la figurine

ክዳን ማማይ

la grenouillère

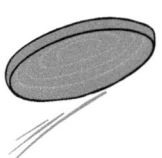

ፍሪስቢ

le frisbee

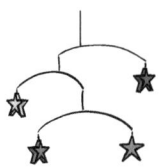

ሞባይል ማማይ

le mobile

ጸወታ ሰሌዳ

le jeu de société

ኩቦ

le dé

ሞደል ባቡር ምድሪ

le train miniature

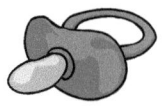

ዓባስ

la sucette

ፓርቲ

la fête

መጽሓፍ ስእሊ

le livre d'images

ኩዕሶ

la balle

ባምቡላ

la poupée

ተጻወተ

jouer

መጻወቲ ሓጻ

le bac à sable

ሰላል

la balançoire

መጻወቲታት

les jouets

ኮንሶል ቪድዮ

la console de jeu

መጻወቲ ሰለስተ መንኮርኮር

le tricycle

ተዲ

l'ours en peluche

ከብሒ ክዳን

l'armoire

ክዳን

les vêtements

ካልስታት

les chaussettes

ነዊሕ ካልስታት

les bas

ስረ ካልሲ

le collant

ሻርባ
l'écharpe

ቀበቶ
la ceinture

ጽላል
le parapluie

ማልያ
le t-shirt

ስኒከርስ
les baskets

ረፋዕ
les bottes

ጫማ ገዛ
les pantoufles

ሻበጥ
....
les sandales

ጫማ
....
les chaussures

ረፋዕ ጎማ
....
les bottes de caoutchouc

ሙታንታ
....
les sous-vêtements

ክዳን ጡብ
....
le soutien-gorge

ትሕተ ካሚቻ
....
le maillot de corps

ክዳን - les vêtements 45

ቦዲ

le body

ስረ

le pantalon

ጂንስ

le jean

ቀምሽ

la jupe

ካምቻ

le chemisier

ካሚቻ

la chemise

ጉልፎ

le pull

ጎልፎ

le sweat à capuche

ጃኬት

la veste

ጃከት

la veste

ጁባ

le manteau

ክዳን ዝናብ

l'imperméable

ኮስቱም

le costume

ቀምሽ

la robe

ቀምሽ መርዓ

la robe de mariée

ልብሲ.

le costume

ካሚቻ ለይቲ

la chemise de nuit

ክዳን ለይቲ

le pyjama

ሳሪ

le sari

መሃረብ ርእሲ.

le foulard

ቱርባን

le turban

ቡርካ

la burqa

ካፍታን

le caftan

አባያ

l'abaya

ክዳን መሕምበሲ.

le maillot de bain

ስረ መሕምበሲ.

le maillot de bain

ሓጺር ስረ

le short

ክዳን ታዕሊም

la tenue d'entraînement

በጃ ክዳን

le tablier

ጓንቲ

les gants

መልጎም

le bouton

መነጽር

les lunettes

በንናጅር

le bracelet

ማዕተብ

le collier

ቀለበት

la bague

ኩትሻ

la boucle d'oreille

ቆብዕ

le bonnet

መንበሪ ጆባ

le cintre

ባርኔጣ

le chapeau

ካራቫት

la cravate

ሻርኔጣ

la fermeture éclair

ሀልመት

le casque

መድልደል ስረ

les bretelles

ድቢዛ ቤትትምህርቲ

l'uniforme scolaire

ድቢዛ

l'uniforme

ሰደርያ ቆልዓ

le bavoir

ዓባስ

la sucette

ጨርቂ ማማይ

la lange

ቤት ጽሕፈት

le bureau

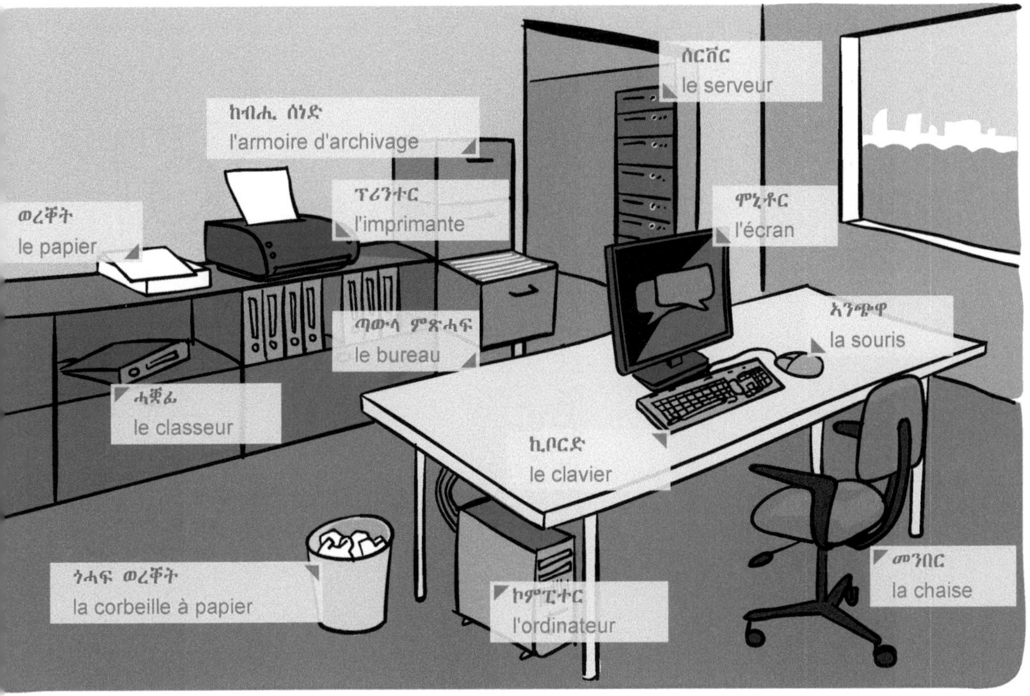

ሰርቨር
le serveur

ከብሒ ሰነድ
l'armoire d'archivage

ፕሪንተር
l'imprimante

ሞኒተር
l'écran

ወረቐት
le papier

ጣውላ ምጽሓፍ
le bureau

ኣንጭዋ
la souris

ሓጽፈ
le classeur

ኪቦርድ
le clavier

ጎሓፍ ወረቐት
la corbeille à papier

ኮምፒተር
l'ordinateur

መንበር
la chaise

ብርጭቆ ቡን

la tasse de café

ካልኩለተር

la calculatrice

ኢንተርነት

l'internet

ላፕቶፕ

l'ordinateur portable

ደብዳበ

la lettre

መልእኽቲ

le message

ሞባይል

le portable

ነትወርክ/መርበብ

le réseau

መቅድሒ ፎቶኮፒ

la photocopieuse

ሶፍትዌር

le logiciel

ተለፎን

le téléphone

ሶከት ኳረንቲ

la prise

ፋክስ

le fax

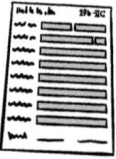

ፎርም

le formulaire

ሰነድ

le document

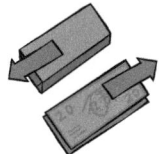

ገዝአ

acheter

ከፈለ

payer

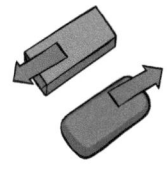

ንግዲ

faire du commerce

ገንዘብ

la monnaie

ዶላር

le dollar

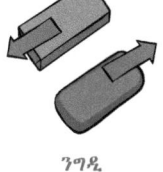

ኦይሮ

l'euro

የን

le yen

ሩብል

le rouble

ስዊዝ ፍራንከን

le franc suisse

ረንሚንቢ የዋን

le renminbi yuan

ሩፕየ

la roupie

መውጽኢ ማሺን ገንዘብ

le distributeur automatique

በታ ቅያር ገንዘብ

le bureau de change

ወርቂ

l'or

ብሩር

l'argent

ዘይቲ

le pétrole

ሓይሊ

l'énergie

ዋጋ

le prix

ውዕል

le contrat

ቀረጽ

la taxe

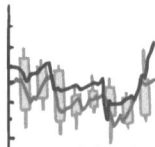

እኩብ ጥሪ-ነገራት

l'action

ሰርሐ

travailler

ሰራሕተኛ

l'employé

ኣስራሒ

l'employeur

ትካል

l'usine

ዱኳን

le magasin

les professions

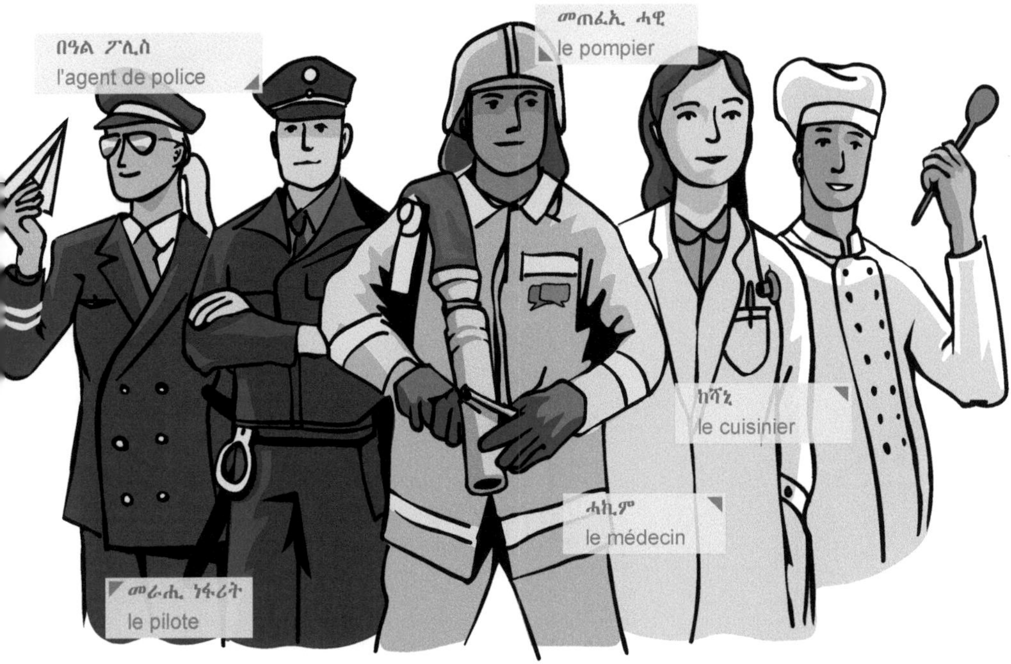
በዓል ፖሊስ
l'agent de police
መጠፈኢ ሓዊ
le pompier
ከሻኒ
le cuisinier
ሓኪም
le médecin
መራሒ ነፋሪት
le pilote

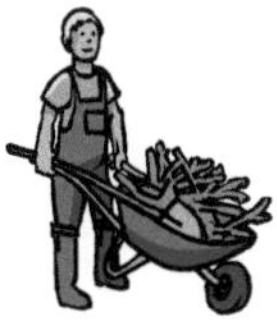

ሰራሕተኛ ጀርዲን

le jardinier

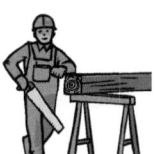

ጸራቢ ዕንጸይቲ

le menuisier

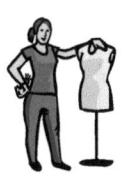

ሰፋይት

la couturière

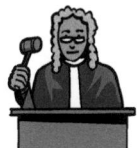

ፈራዳይ

le juge

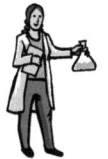

ቀማሚ

le chimiste

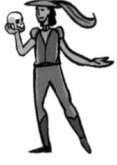

ተዋሳኢ

l'acteur

መራሒ አዉቶቡስ

le conducteur de bus

አዉቲስታ ታክሲ

le chauffeur de taxi

ገፋፊ ዓሳ

le pêcheur

ጸራጊት

la femme de ménage

ሃናጻይ ናሕሲ

le couvreur

አሰላፊ

le serveur

ሃዳናይ

le chasseur

ሰአላይ

le peintre

እንዳ ሕብስቲ

le boulanger

ኤለትሪከኛ

l'électricien

ሃናጺ አባይቲ

l'ouvrier

ሃንዳሲ

l'ingénieur

ሰራሕተኛ እንዳ ስጋ

le boucher

ድራብሊኮ

le plombier

አማላላሲ ፖስጣ

le facteur

ወተሃደር
....
le soldat

መሃንድስ
....
l'architecte

ተሓዝ ገንዘብ
....
le caissier

ሰራሕተኛ ዕምባባ
....
le fleuriste

ቀምቃማይ
....
le coiffeur

ፈተሪኖ
....
le contrôleur

መካኒክ
....
le mécanicien

መራሒ መርከብ
....
le capitaine

ሓኪም ስኒ
....
le dentiste

ተመራማሪ
....
le scientifique

ራቢ
....
le rabbin

ኢማም
....
l'imam

ፈላሲ
....
le moine

ቀሺ
....
le prêtre

ናውቲ

les outils

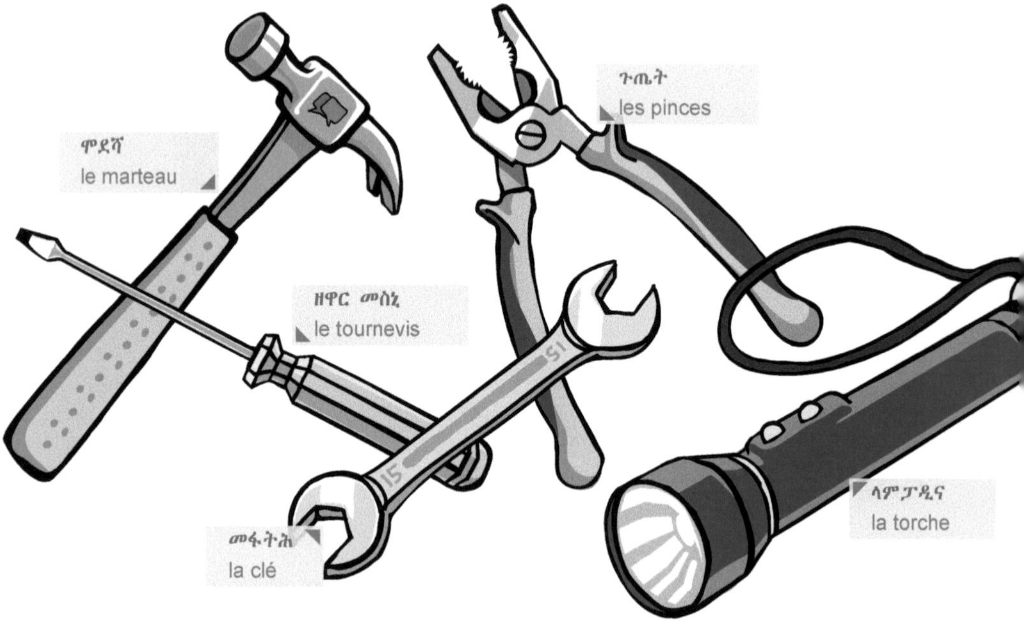
ጉጤት
les pinces
ሞደሻ
le marteau
ዘዋር መስኒ
le tournevis
ላምፓዲና
la torche
መፍትሕ
la clé

ፊሓሪ

la pelleteuse

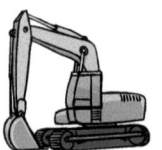

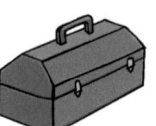

ናውቲ ቦክስ

la boîte à outils

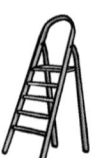

መደያይቦ

l'échelle

መጋዝ

la scie

መስማር

les clous

ኩዓቲ

la perceuse

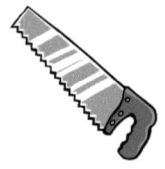

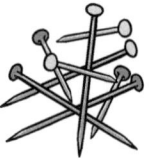

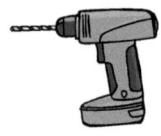

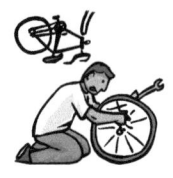

ምዕራይ

réparer

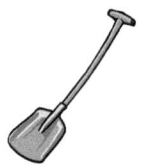

ባደላ

la pelle

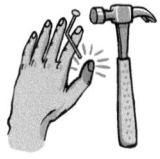

ኣይ!

Mince !

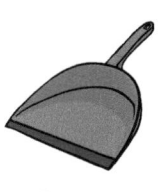

መትሓዚ ዶሮና

la pelle

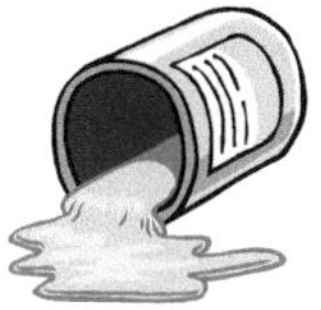

ድስቲ ቀለም

le pot de peinture

ካቻቢተ

les vis

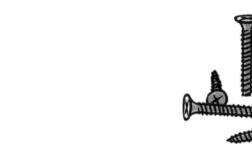

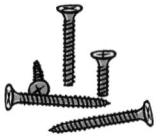

መሳርሒ ሙዚቃ

les instruments de musique

እስፒከር
le haut-parleurs
ከበሮታት
la batterie
ጊታር
la guitare
ረጕድ ዓባይ ጊታር
la contrebasse
ትሮምፐት
la trompette

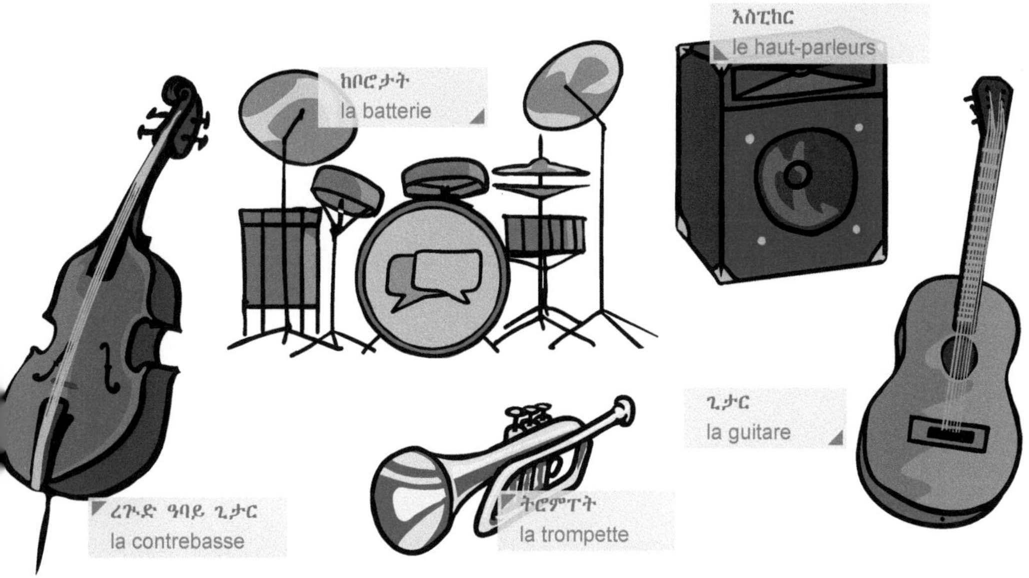

ፒያኖ

le piano

ቪዮሊን

le violon

ባስ ጊታር

la basse

ቲምንኢ

les timbales

ከበሮ

le tambour

ኦርጋን

le piano électrique

ሳክሶፎን

le saxophone

ሻምብቆ

la flûte

ሚክሮፎን

le microphone

መካነ እንስሳታት

le zoo

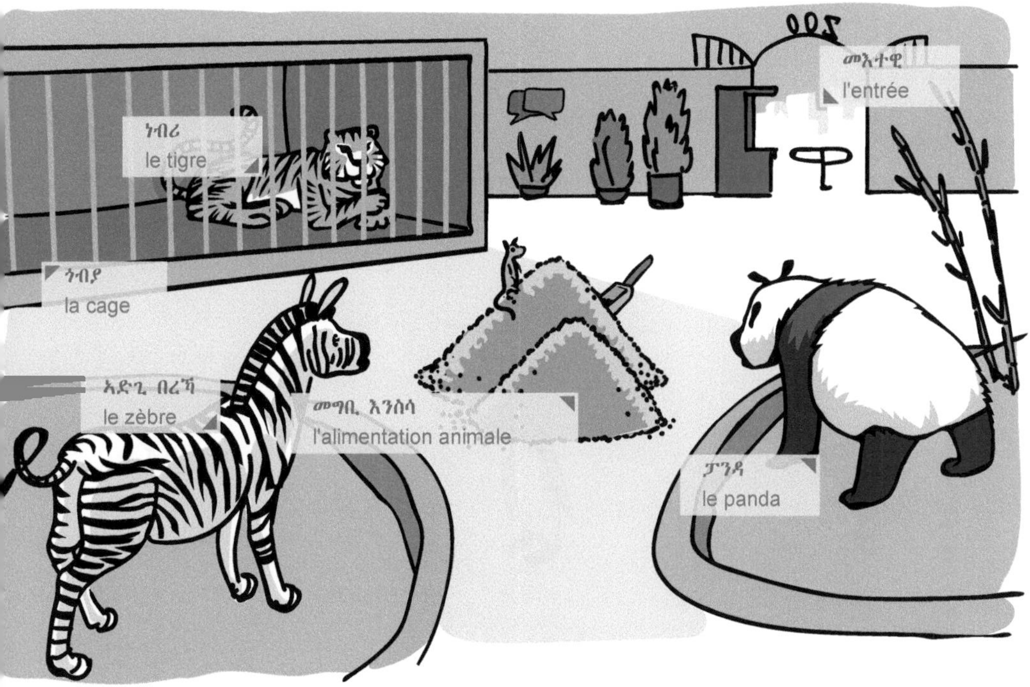

ነብሪ
le tigre
መእተዊ
l'entrée
ጎብያ
la cage
ኣድጊ በረኻ
le zèbre
መግቢ እንስሳ
l'alimentation animale
ፓንዳ
le panda

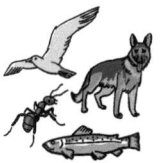

እንስሳታት

les animaux

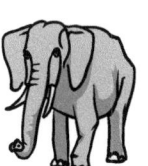

ሓርማዝ

l'éléphant

ካንጋሩ

le kangourou

ሓሪሽ

le rhinocéros

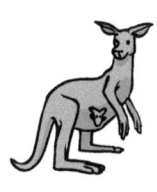

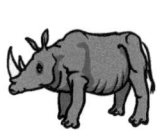

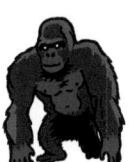

ጉሪላ

le gorille

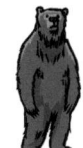

ድቢ

l'ours

ገመል

le chameau

ሰገን

l'autruche

አንበሳ

le lion

ህበይ

le singe

ፍላሚንጎ

le flamand rose

ሕንጻይ

le perroquet

ድቢ በረድ

l'ours polaire

ፐንጉን

le pingouin

ከልቢ ዓሳ

le requin

ጣውስ

le paon

ተመን

le serpent

ሓርገጽ

le crocodile

ሓላዊ ቤት ገርድሽ

le gardien de zoo

ዓሳ ዚምገብ እንስሳ ባሕሪ

le phoque

ጃጓር

le jaguar

ሓጺር ፈረስ

le poney

ነብሪ

le léopard

ጉማረ

l'hippopotame

ጄራፍ

la girafe

ሊላ

l'aigle

መፍለስ

le sanglier

ዓሳ

le poisson

ጎብየ

la tortue

ዋልሩስ

le morse

ወኻርያ

le renard

ሰስሓ

la gazelle

ናይ አሜሪካ ኩዕሶ እግሪ
l'american Football

ምዝዋር ብሽግለታ
le cyclisme

ተኒስ
le tennis

ባስከትባል
le basket-ball

ምሕምባስ
la natation

ቦክሲንግ
la boxe

ሆኪ በረድ
le hockey sur glace

ኩዕሶ እግሪ
le football

ባድሚንቶን
le badminton

እስፖርታዊ ንጥፈታት
l'athlétisme

ኩዕሶ ኢድ
le handball

ስኪ
le ski

ፖሎ
le polo

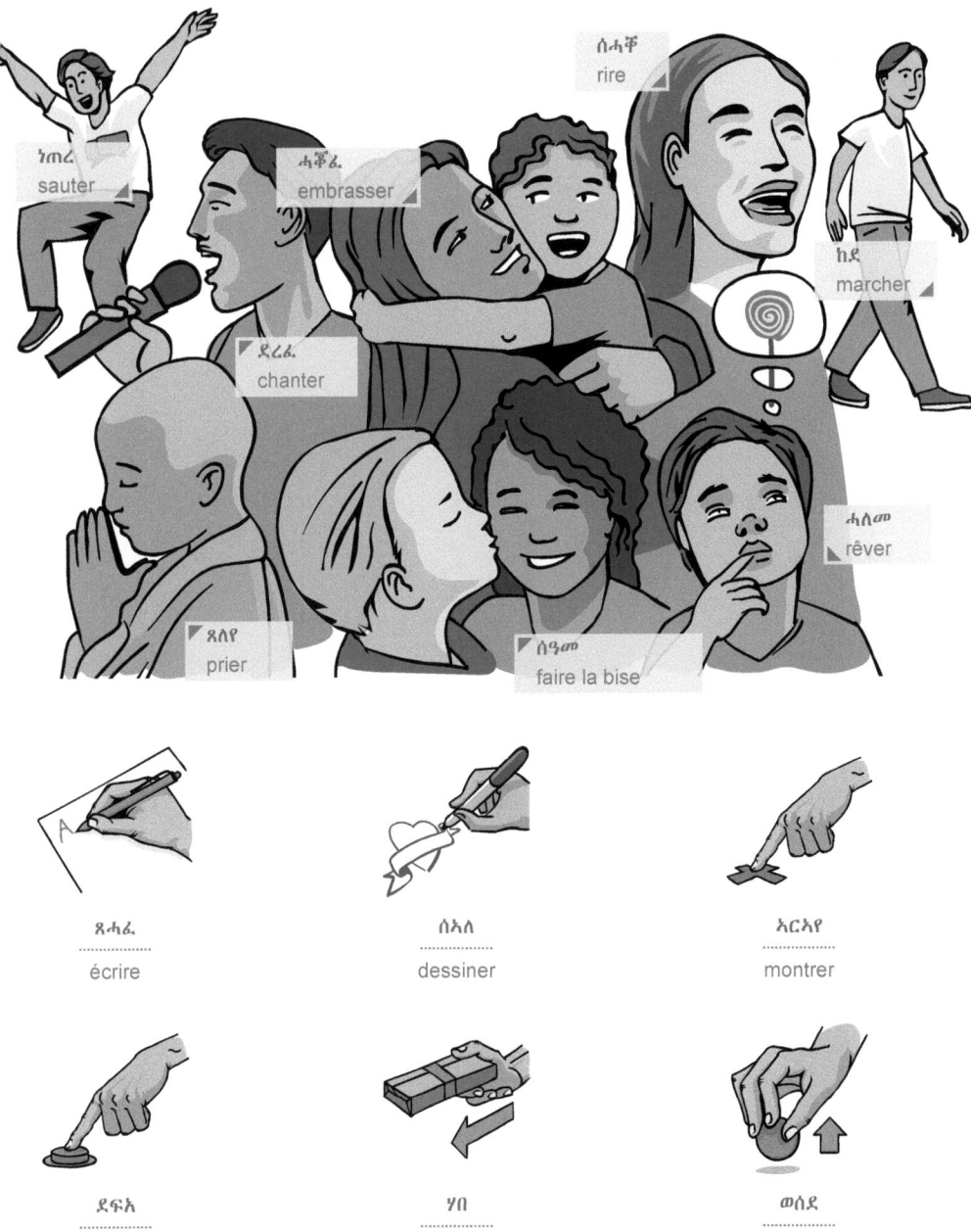

ሰሓቕ
rire

ነጠረ
sauter

ሓቖፈ
embrasser

ከደ
marcher

ደረፈ
chanter

ጸለየ
prier

ሓለመ
rêver

ሰዓመ
faire la bise

ጸሓፈ	ሰኣለ	ኣርኣየ
écrire	dessiner	montrer

ደፍአ	ሃበ	ወሰደ
pousser	donner	prendre

አለው

avoir

ገበረ

faire

ኮነ

être

ጠጠው በለ

être debout

ኅዬየ

courir

ስሓበ

trier

ሰንደወ

jeter

ወደቐ

tomber

ሓሰወ

être couché

ተጸበየ

attendre

ሰከም

porter

ኮፍ በለ

être assis

ተኸድነ

s'habiller

ደቀሰ

dormir

ተስአ

se réveiller

ረአየ
....
regarder

በኸየ
....
pleurer

ብኣጻብዑ ደረዘ
....
caresser

መሽጠ
....
peigner

ተዛረበ
....
parler

ተረድአ
....
comprendre

ሓተተ
....
demander

ሰምዐ
....
écouter

ሰተየ
....
boire

በልዐ
....
manger

አቐመጠ
....
ranger

አፍቀረ
....
aimer

ከሸነ
....
cuire

ዘወረ
....
conduire

ነፈረ
....
voler

ብመርከብ ገየሽ
faire de la voile

ደመረ
calculer

አንበበ
lire

ተመሃረ
apprendre

ሰርሐ
travailler

መርዓወ
se marier

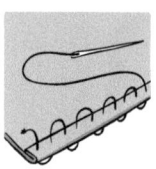

ሰፈየ
coudre

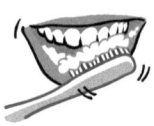

ጽሬት አስናን
brosser les dents

ቀተለ
tuer

ሽጋራ ተከሸ
fumer

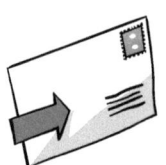

ሰደደ
envoyer

ስድራቤት
la famille

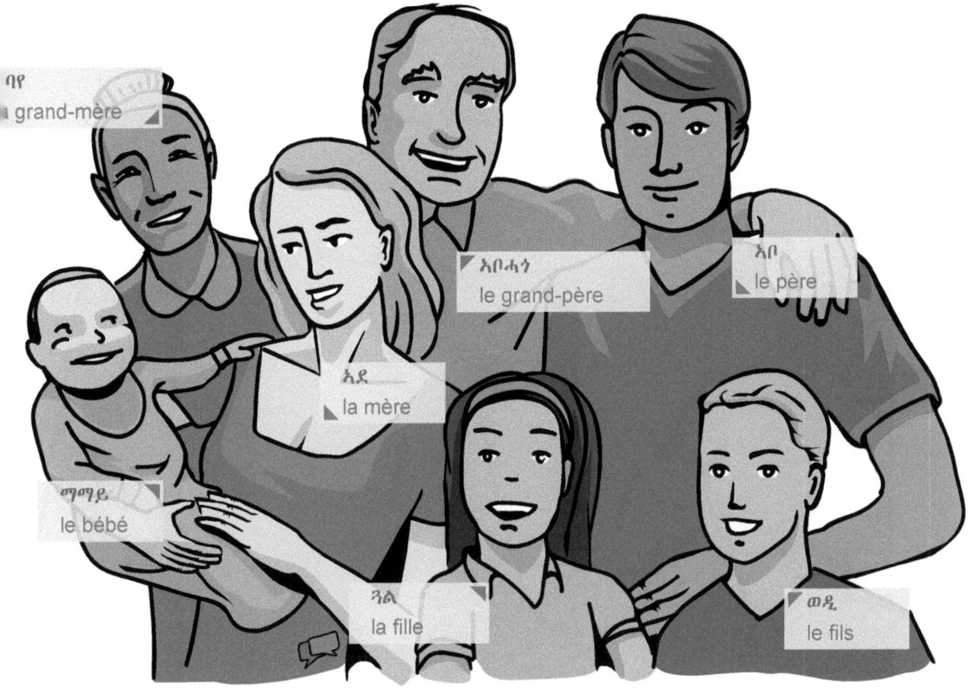

ባየ
a grand-mère
ኣቦሓጎ
le grand-père
ኣቦ
le père
ኣደ
la mère
ማማይ
le bébé
ጓል
la fille
ወዲ
le fils

ጋሻ

l'hôte

ሓትኖ

la tante

ኣኮ

l'oncle

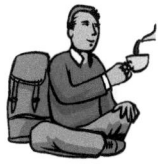

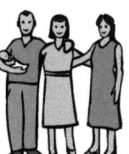

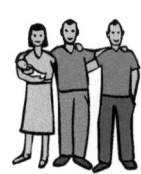

ሓው

le frère

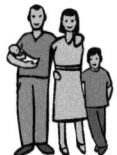

ሓፍቲ

la sœur

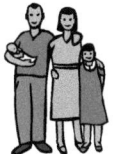

ኣካላት

le corps

ግንባር
le front
ዓይኒ
l'œil
መንኩብ
l'épaule
ኣጻብዕ
le doigt
ገጽ
le visage
መንከስ
le menton
ኢድ
la main
ሽሩን እግሪ
la jambe
ኣፍ-ልቢ
la poitrine
ምናት
le bras

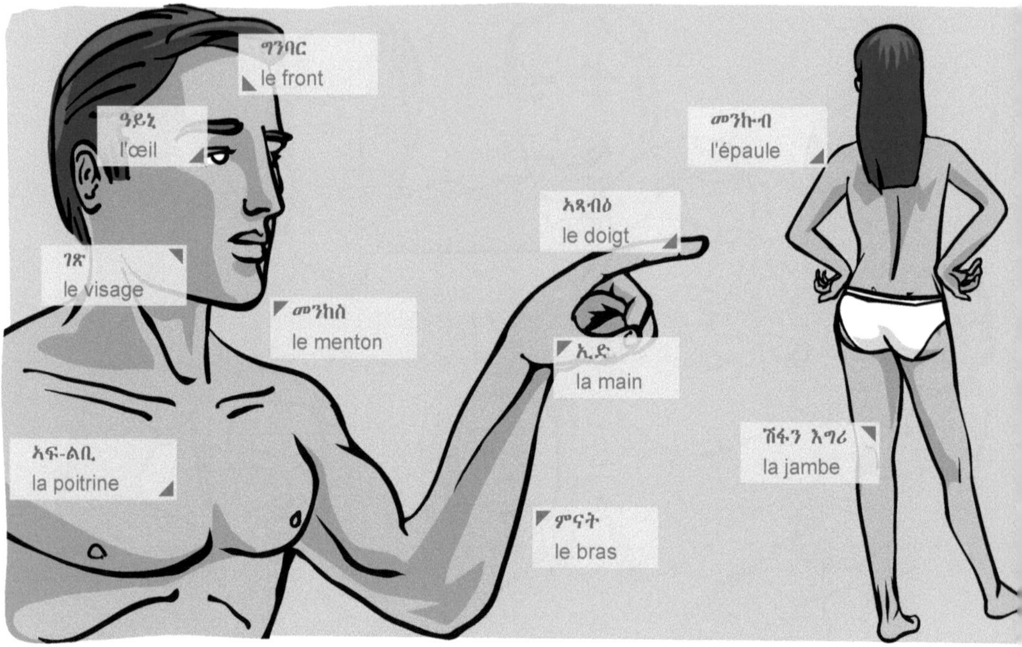

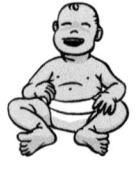

ማማይ

le bébé

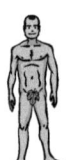

ሰብኣይ

l'homme

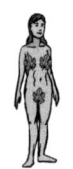

ሰበይቲ

la femme

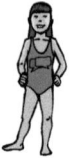

ጓል

la fille

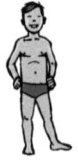

ወዲ

le garçon

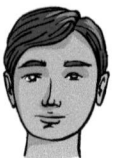

ርእሲ

la tête

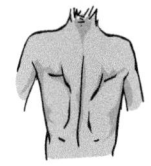

ሕቖ

le dos

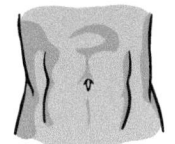

ከስዐ

le ventre

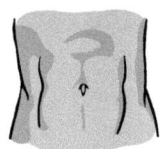

ሕምብርቲ

le nombril

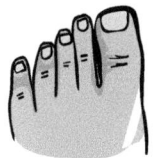

ኣጻብዕ እግሪ

l'orteil

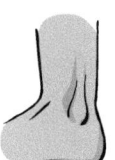

ኩርኹረ

le talon

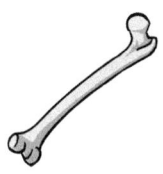

ዓጽሚ

l'os

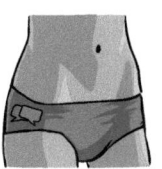

ምሕኮልቲ

la hanche

ብርኪ

le genou

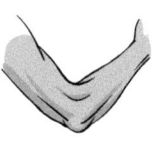

ፍግፍጐ

le coude

ኣፍንጫ

le nez

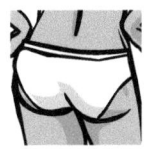

መዓኮር

les fesses

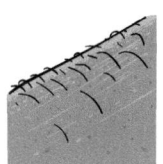

ቆርበት

la peau

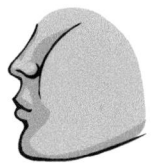

ምዕጉርቲ

la joue

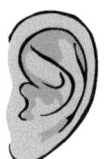

እዝኒ

l'oreille

ከንፈር

la lèvre

አፍ
....
la bouche

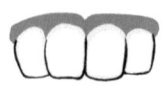

ስኒ
....
la dent

መልሓስ
....
la langue

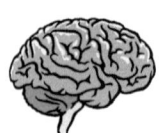

ሓንጎል
....
le cerveau

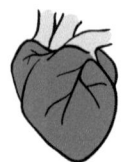

ልቢ
....
le cœur

ጭዋዳ
....
le muscle

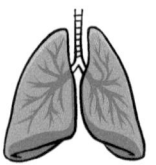

ሳንቡእ
....
les poumons

ጸላም ከብዲ
....
le foie

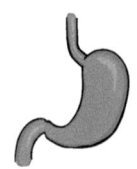

ከብዲ
....
l'estomac

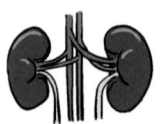

ኩሊት
....
les reins

ግብረ ስጋ
....
le rapport sexuel

ኮንዶም
....
le préservatif

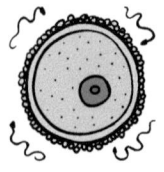

እንቋቍሓ
....
l'ovule

ዘርኢ ተባዕታይ
....
le sperme

ጥንሲ
....
la grossesse

አካላት - le corps

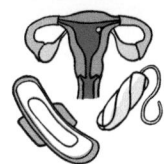

ጽግያት
....
la menstruation

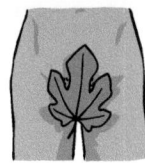

ርሕሚ
....
le vagin

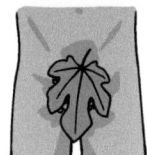

መትሎ
....
le pénis

ሽፋሽፍቲ
....
le sourcil

ጸጉሪ
....
les cheveux

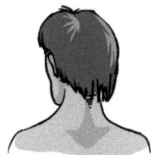

ክሳድ
....
le cou

ሆስፒታል
l'hôpital

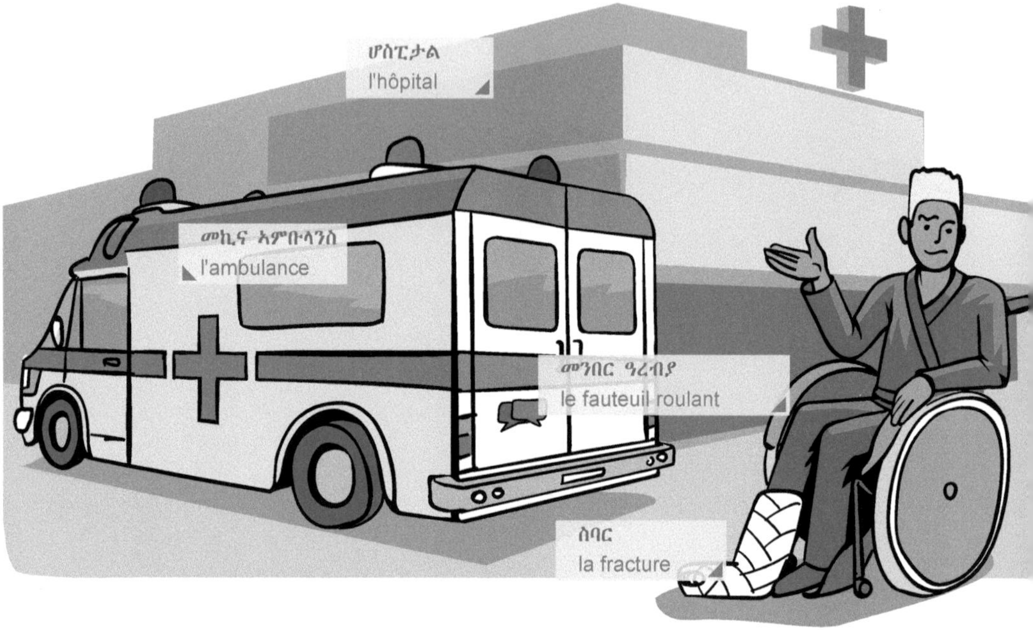

ሆስፒታል
l'hôpital
መኪና ኣምቡላንስ
l'ambulance
መንበር ዓረብያ
le fauteuil roulant
ስባር
la fracture

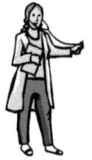

ሓኪም

le médecin

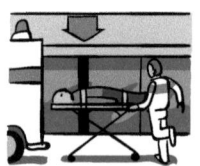

ክፍሊ ህጹጽ ረድኤት

le service des urgences

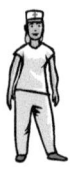

ኣላይት

l'infirmière

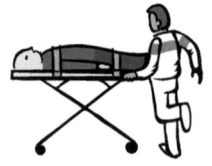

ህጹጽ ኩነት

l'urgence

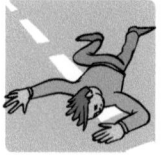

ውነኡ ዘጥፍአ

inconscient

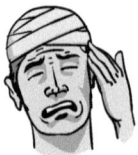

ቃንዛ

la douleur

ጉድኣት

la blessure

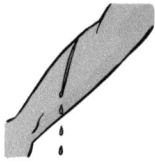

ደም

l'hémorragie

ማህረምቲ

la crise cardiaque

ማህረምቲ

l'attaque cérébrale

ኣለርጂ

l'allergie

ሰዓል

la toux

ረስኒ

la fièvre

ኡንፍልወንዛ

la grippe

ውጽኣት

la diarrhée

ቃንዛ ርእሲ

le mal de tête

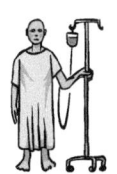

መንሽሮ

le cancer

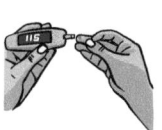

ሹኮርያ

le diabète

ሓኪም መጥባሕቲ

le chirurgien

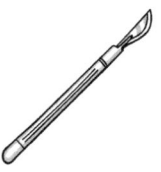

መጥብሒ

le scalpel

መጥባሕቲ

l'opération

CT

le CT

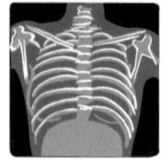

ራዲ

la radiographie

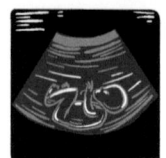

ልዕለ ድምጻዊ

l'échographie

መሸፈኒ ገጽ

le masque

ሕማም

la maladie

ክፍሊ ምጽባይ

la salle d'attente

ምርኩስ

la béquille

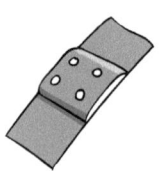

መጀነኒ ቁስሊ

le pansement

መጀነኒ

le pansement

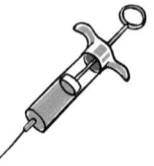

መርፍዕ ምውጋእ

l'injection

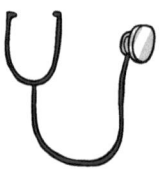

ስተቶስኮፕ

le stéthoscope

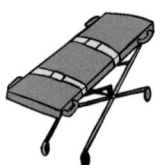

መሰከሚ ሕማም

le brancard

ቴርሞመተር

le thermomètre

ትውልዲ

l'accouchement

ልዕለ-ሚዛን

la surcharge pondérale

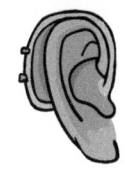

ሓገዝ ምስማዕ
l'appareil auditif

ኣንጻሂ
le désinfectant

ልበዳ
l'infection

ቫይረስ
le virus

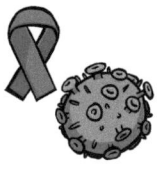

ኤድስ
le VIH / le sida

ሕክምና
le médicament

ክታበ
la vaccination

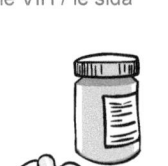

ክኒና
les comprimés

ክኒና
la pilule

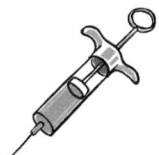

ህጹጽ ምድዋል
l'appel d'urgence

መዐቀኒ ጸቕጢ ደም
le tensiomètre

ሕሙም / ጥዑይ
malade / sain

ኣላርም

l'alarme

ምህጃም

l'assaut

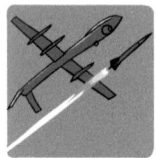

መጥቃዕቲ

l'attaque

ድንገት

le danger

ህጹጽ መውጽኢ

la sortie de secours

ሓዊ!

Au feu!

መጥፍኢ ሓዊ

l'extincteur

ሓደጋ

l'accident

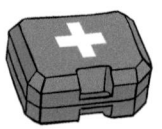

ሳንጣ ቀዳማይ ረድኤት

la trousse de premier
secours

SOS

SOS

ፖሊስ

la police

ሓገዝ

Au secours !

ኤውሮጳ

l'Europe

ሰሜን አመሪካ

l'Amérique du Nord

ደቡብ አመሪካ

l'Amérique du Sud

አፍሪቃ

l'Afrique

ኤስያ

l'Asie

አውስትራልያ

l'Australie

አትላንቲክ

l'Océan atlantique

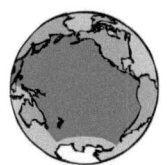

ፓሲፊክ

l'Océan pacifique

ህንዳዊ ዉቅያኖስ

l'Océan indien

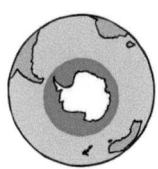

አንታርቲካዊ ዉቅያኖስ

l'Océan antarctique

አርክቲካዊ ዉቅያኖስ

l'Océan arctique

ሰሜናዊ ዋልታ

le Pôle nord

ደቡባዊ ዋልታ

le Pôle sud

አንታርቲካ

l'Antarctique

ምድሪ

la terre

መሬት

le pays

ባሕሪ

la mer

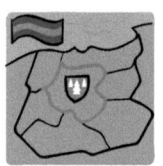

ደሴት

l'île

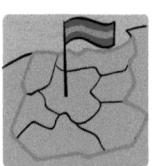

ሃገር

la nation

ዓዲ

l'état

ገጽ ሰዓት

le cadran

አመልካቲ ሰዓታት

l'aiguille des heures

አመልካቲ ደቓይቚ

l'aiguille des minutes

አመልካቲ ካልኢት

l'aiguille des secondes

ሰዓት ክንደይ አሎ?

Quelle heure est-il ?

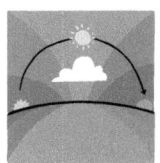

መዓልቲ

le jour

ግዜ

le temps

ሕጂ

maintenant

ዲጂታል ሰዓት

la montre digitale

ደቒቚ

la minute

ሰዓት

l'heure

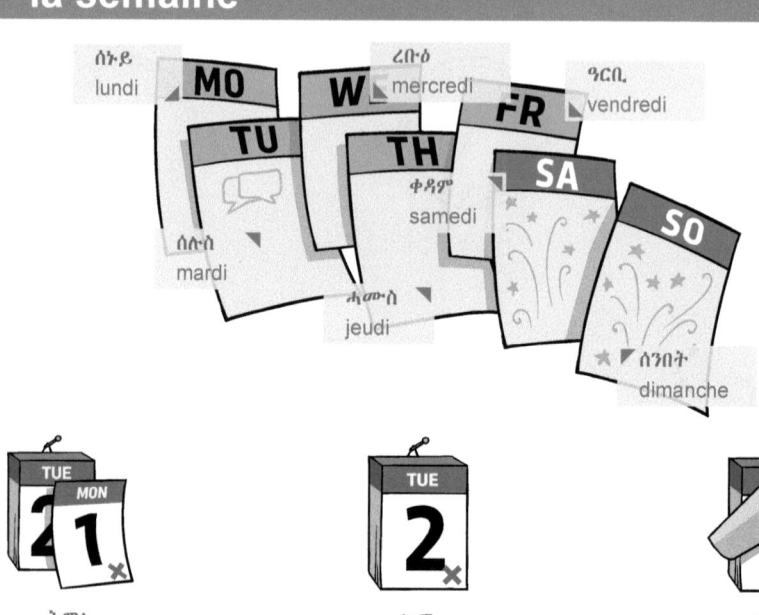

ሰኑይ lundi — MO
ሰሉስ mardi — TU
ረቡዕ mercredi — W
ሓሙስ jeudi — TH
ዓርቢ vendredi — FR
ቀዳም samedi — SA
ሰንበት dimanche — SO

ትማሊ

hier

ጽባሕ

demain

ሎሚ

aujourd'hui

ንጉሆ

le matin

ቀትሪ

le midi

ምሸት

le soir

MO	TU	WE	TH	FR	SA	SU
1	2	3	4	5	6	7
8	9	10	11	12	13	14
15	16	17	18	19	20	21
22	23	24	25	26	27	28
29	30	31	1	2	3	4

መዓልታት ስራሕ

les jours ouvrables

MO	TU	WE	TH	FR	SA	SU
1	2	3	4	5	6	7
8	9	10	11	12	13	14
15	16	17	18	19	20	21
22	23	24	25	26	27	28
29	30	31	1	2	3	4

መወዳእታ ሰሙን

le week-end

l'année

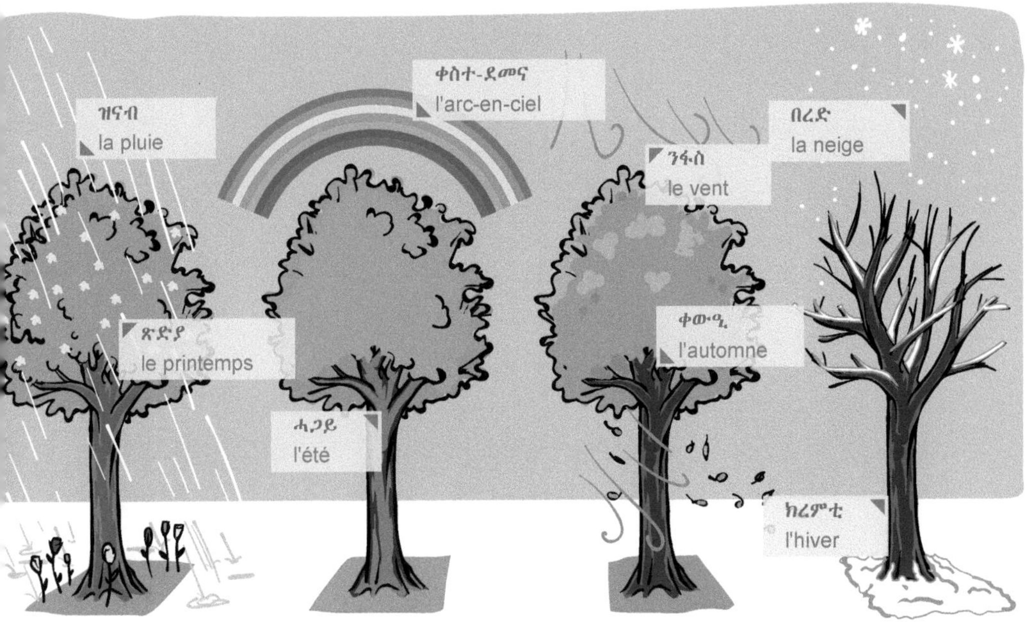

ዝናብ
la pluie
ቀስተ-ደመና
l'arc-en-ciel
በረድ
la neige
ንፋስ
le vent
ጽድያ
le printemps
ቀውዒ
l'automne
ሓጋይ
l'été
ክረምቲ
l'hiver

4.APRIL 11°
5.APRIL 4°
6.APRIL 13°
7.APRIL 8°
8.APRIL 10°

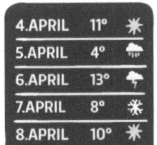

ትንቢት ኩነታት ኣየር

la météo

F
C
120
90
60
30
0
-30
40
30
20
10
0
-10
-20

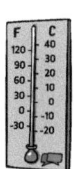

ቴርሞመተር

le thermomètre

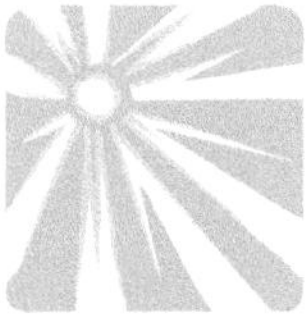

ብርሃን ጸሓይ

la lumière du soleil

ደበና

le nuage

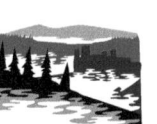

ግመ

le brouillard

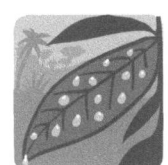

ጠሊ

l'humidité

ብርቂ

la foudre

ነጕዳ

la tonnerre

ህቦብላ

la tempête

በረድ

la grêle

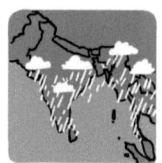

ብርቱዕ ህቦብላ

la mousson

ውሕጅ

l'inondation

በረድ

la glace

ጥሪ

janvier

ለካቲት

février

መጋቢት

mars

ሚያዝያ

avril

ጉንበት

mai

ሰነ

juin

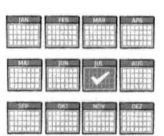

ሓምለ

juillet

ነሓሰ

août

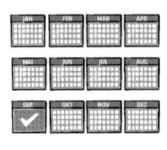

መስከረም
....
septembre

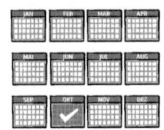

ጥቅምቲ
....
octobre

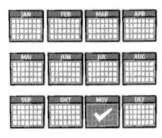

ሕዳር
....
novembre

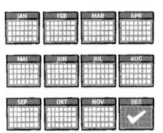

ታሕሳስ
....
décembre

ቅርጽታት
les formes

ዙርያ
....
le cercle

የ carré image

ትርብዒት
....
le carré

የ rectangle image

ቅኑዕ ርቡዕ ኵርናዕ
....
le rectangle

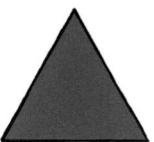

ስሉስ ኵርናዕ
....
le triangle

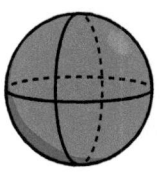

ክቢ
....
la sphère

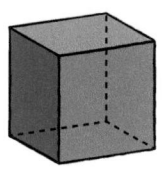

ኩቦ
....
le cube

ጸዕዳ

blanc

ብጫ

jaune

ኣራንሺ

orange

ፒንክ

rose

ቀይሕ

rouge

ጁኸ

violet

ሰማያዊ

bleu

ቀጠልያ

vert

ቡናዊ

marron

ሓሙኸሽታይ

gris

ጸሊም

noir

les oppositions

ብዙሕ / ውሑድ

beaucoup / peu

ሕሩቕ / ሰላማዊ

fâché / calme

ጽቡቕ / ክፉእ

joli / laid

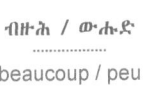

መጀመርያ / መወዳእታ

le début / la fin

ዓቢ / ንእሽቶ

grand / petit

ብሩህ / ጸልማት

clair / obscure

ሓው / ሓፍት

frère / soeur

ጽሩይ / ርሳሕ

propre / sale

ምሉእ / ዘይምሉእ

complet / incomplet

መዓልቲ / ለይቲ

le jour / la nuit

ሙዉት / ህልው

mort / vivant

ሰፊሕ / ጸቢብ

large / étroit

ደስ ዘበል / ደስ ዘይብል

comestible / incomestible

እኩይ / ሀያዋይ

méchant / gentil

ርቡጽ / ስልኩይ

excité / ennuyé

ረጊድ / ቀጢን

gros / mince

ቀዳማይ / ናይ መወዳእታ

le premier / le dernier

ዓርኪ / ጸላኢ

l'ami / l'ennemi

ምሉእ / ባዶ

plein / vide

ተሪር / ልስሉስ

dur / souple

ከቢድ / ፈኩስ

lourd / léger

ጥምየት / ጽምየት

faim / soif

ሕሙም / ጥዑይ

malade / sain

ዘይሕጋዊ / ሕጋዊ

illégal / légal

መስተውዓሊ / ስዲ

intelligent / stupide

ጸጋም / የማን

gauche / droite

ቐረባ / ርሑቕ

proche / loin

ሓዲሽ / ብሉይ

nouveau / usé

ዋላ ሓደ / ገለ

rien / quelque chose

ዓቢ/ኣረጊት / መንእሰይ

vieux / jeune

ወልዕ / ኣጥፍእ

marche / arrêt

ክፉት / ዕጹው

ouvert / fermé

ህዱእ / ዓው

faible / fort

ሃብታም / ድኻ

riche / pauvre

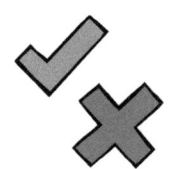

ቅኑዕ / ግጉይ

correct / incorrect

ሓርፋፍ / ልሙጽ

rugueux / lisse

ጉሁይ / ሕጉስ

triste / heureux

ሓጺር / ነዊሕ

court / long

ቀስ / ቅልጡፍ

lent / rapide

ጥሉል / ንቑጽ

mouillé / sec

ምዉቕ / ዝሑል

chaud / froid

ውግእ / ሰላም

la guerre / la paix

0

ዜሮ

zéro

1

ሓደ

un / une

2

ክልተ

deux

3

ሰለስተ

trois

4

ኣርባዕተ

quatre

5

ሓሙሽተ

cinq

6

ሽዱሽተ

six

7

ሽውዓተ

sept

8

ሸሞንተ

huit

9

ትሽዓተ

neuf

10

ዓሰርተ

dix

11

ዓሰርተ ሓደ

onze

12

ዓሰርተ ክልተ

douze

13

ዓሰርተ ሰለስተ

treize

14

ዓሰርተ ኣርባዕተ

quatorze

15

ዓሰርተ ሓሙሽተ

quinze

16

ዓሰርተ ሽዱሽተ

seize

17

ዓሰርተ ሸውዓተ

dix-sept

18

ዓሰርተ ሸሞንተ

dix-huit

19

ዓሰርተ ትሽዓተ

dix-neuf

20

ዕስራ

vingt

100

ሚእቲ

cent

1.000

ሽሕ

mille

1.000.000

ሚልዮን

le million

les langues

እንግሊዝኛ

l'anglais

አመሪካዊ እንግሊዛዊ

l'anglais américain

ቻይናዊ ማንዳሪን

le chinois mandarin

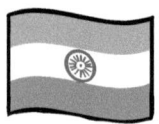

ሂንዳዊ

le hindi

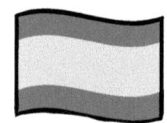

እስጳኛዊ

l'espagnol

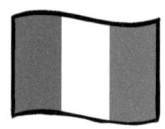

ፈረንሳዊ

le français

ዓረባዊ

l'arabe

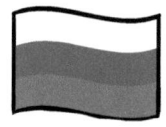

ሩሲያዊ

le russe

ፖርቱጋላዊ

le portugais

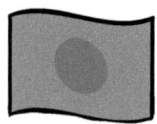

በንጋሊ

le bengali

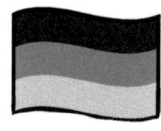

ጀርመናዊ

l'allemand

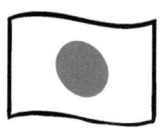

ጃፓናዊ

le japonais

አነ

je

ንስኻ/ኺ.

tu

♂ ♀ ○

ንሱ / ንሳ / ንሱ

il / elle / ce, c', cela

ንሕና

nous

ንስኻ

vous

ንሳቶም

ils / elles

መን?

Qui ?

እንታይ?

Quoi ?

ከመይ?

Comment ?

አበይ?

Où ?

መዓስ?

Quand ?

HELLO, I AM

ሽም

le nom

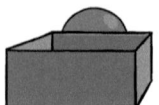

ድሕሪ

derrière

ኣብ

dans

ኣብ ቅድሚ

devant

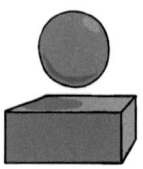

ኣብ ላዕሊ

au-dessus

ኣብ ልዕሊ

sur

ትሕቲ ምድሪ

en-dessous

ኣብ ጥቓ

à côté de

ኣብ መንጎ

entre

በታ

le lieu